Stolpersteine

Kirsten Serup-Bilfeldt

# Stolpersteine

Vergessene Namen, verwehte Spuren
Wegweiser zu Kölner Schicksalen in der NS-Zeit

*Mit einem Beitrag von Elke Heidenreich*

*Für Rat und Hilfe danke ich:*

*Dr. Barbara Becker-Jákli, NS-Dokumentationszentrum, Köln*
*Karola Fings, NS-Dokumentationszentrum, Köln*
*Dr. Annette Haller, Germania Judaica, Köln*
*Dr. Kerstin Kähling, Archiv der Synagogengemeinde, Köln*
*Dr. Jürgen Müller, »Centrum Schwule Geschichte Köln«*
*Dr. Martin Strickmann, Köln*

*Mein besonderer Dank gilt meinen Gesprächspartnern und*
*Gesprächspartnerinnen, die mir nicht nur ihre Geschichten erzählten, sondern*
*mich auch an einem Stück ihres Lebens und ihrer Vergangenheit teilhaben ließen.*

Mit freundlicher Unterstützung von

1. Auflage 2003

Lektorat: Astrid Roth, Köln
Umschlaggestaltung: rosiedeluxe grafik, Köln
Umschlagfoto: Stefan Worring, Köln
Satz und Layout: Hans-Joachim Maschek-Schneider, Köln
Druck und Bindearbeiten: Ebner und Spiegel, Ulm
ISBN 3-462-03535-5

# Inhalt

# Inhalt

# HIER WOHNTE KÖLN 1933 BIS 1945

## von Elke Heidenreich

Plötzlich stockt der Fuß. Die Reihe der Pflastersteine wird unterbrochen durch einen, zwei, drei, die golden leuchten. Es sind Pflastersteine mit Messingtafeln, und wenn man sich die Mühe macht, für einen Moment stehen zu bleiben, mitten in der belebten Ehrenstraße vor Haus Nr. 33 zum Beispiel, dann liest man: Hier wohnten Ernst Löwenberg, Johanette Löwenberg, Berta Holzknecht – 1941 nach Lodz deportiert und seitdem vermisst. Gleich fünf solcher ›Stolpersteine‹ ein Stück weiter, Maastrichter Straße 3: Wilhelm Kahn, *1885, 1941 deportiert nach Lodz; Louis Levy, 1945 im KZ Dachau gestorben; Anna Louise Ballin, deportiert nach Lodz, 1942 gestorben; Wolfgang Horst Kanninka, *1926, deportiert 1942 nach Minsk, vermisst.

Einmal aufmerksam geworden, richtet man in Köln die Augen unwillkürlich immer ein bisschen auf den Boden und trifft überall auf die Steine – in der Aachener und der Bonner Straße, am Brüsseler Platz und am Eigelstein, in der Händelstraße, am Höninger Weg und im Kartäuserwall, in der Kurfürsten-, der Luxemburger- und der Poststraße, in der Thebäerstraße in Ehrenfeld und auf Sachsen- und Ubierring, gleich 24 Steine auf einmal in der Cardinalstraße 9, 17 in der Heinsbergstraße 22, in der Mozartstraße 54 sind es 14. Es sind insgesamt inzwischen 1300 Steine vor 230 Häusern, Pflastersteine mit 10 mal 10 Zentimeter großen goldglänzenden Messingplatten, die je ein Leben erzählen. Die – versteht man, sie richtig zu lesen – erzählen, dass deportiert, abgeführt, gefoltert, misshandelt, gemordet wurde. Vielleicht leben die Nachbarn noch, und vielleicht haben sie damals furchtsam hinter den geschlossenen Gardinen oder dreist auf ein Kissen gestützt am offenen Fenster den Abtransporten zugeschaut, jener Tragödie, von der dann später keiner gewusst hat.

Die Legende vom Widerstand der Kölner hält sich hartnäckig, seit der langjährige Kölner Oberbürgermeister und spätere Bundeskanzler Konrad Adenauer gesagt hat:»Nirgendwo wurde dem Nationalsozialismus bis 1933 so viel offener und nach 1933 so viel geistiger Widerstand geleistet wie in Köln.« Hier irrt Adenauer. Hitler selbst hat einmal geäußert,»die größten Ovationen meines Lebens« habe man ihm in Köln entgegengebracht. Und von elftausend zwischen 1941 und 1945 abtransportierten, gemordeten, aussortierten Menschen überlebten dank der Hilfe ihrer Kölner Mitmenschen fünfzig. Fünfzig von elftausend. Elftausend nichterwünschte Kölner wurden ab 1941, als die ›Endlösung der Judenfrage‹ gründlich angegangen wurde, ab Bahnhof Deutz-Messe in die Konzentrationslager geschickt, auch 1500 Sinti und Roma gingen von hier aus in den Tod. Der amtliche Befehl»6 Uhr ab Messe Köln-Deutz« war das Todesurteil für jüdische Bürger, sie sahen zum letzten Mal den Dom, den Rhein, die Stadt, in der es seit 2000 Jahren jüdisches Leben gab. Im Oktober und November 1941 gingen die Transporte nach Lodz, von November bis Dezember nach Riga, Kowno und Minsk, von Mai bis September 1942 nach Minsk und Lublin, ab Sommer 1942 bis zum Ende des Krieges 1945 wurde direkt nach Auschwitz transportiert.

Ja, der Kardinal Frings sprach klare Worte gegen die Judenverfolgungen, aber die Glocken läuteten nicht, wenn die Transporte fuhren, und die Kirchen boten keinen Schutz, und aus Rom kam dazu auch keine Anweisung.»Die Kirche fürchtet sich vor dem Staat, nicht vor Gott«, schrieb der evangelische Theologe Jochen Klepper dazu bitter in sein Tagebuch, ehe er sich mit seiner jüdischen Frau das Leben nahm.

Seit Jahrzehnten gehen die Diskussionen über angemessene Erinnerung durch unser Land. Das endlose Gezerre um das Mahnmal in Berlin legte die Nerven blank. Immer monumentalere Entwürfe sollten gegen das Vergessen errichtet werden. Und hier plötzlich, in Köln, kleine Pflastersteine, über die jeder hundertmal geht, ehe er einmal nach unten blickt und liest:

»Hier wohnte Wolfgang Horst Kanninka, *1926, deportiert 1942 nach Minsk.« Er war sechzehn Jahre alt. An sein zerstörtes Leben erinnert fast unscheinbar, aber beharrlich fest in den Boden eingelassen dieser Stein, direkt vor der Haustür, aus der man ihn gezerrt hat. Eine zugleich bewegendere und intelligentere Erinnerung, Mahnung, Respektbezeugung kann ich mir nicht vorstellen, und natürlich beginne ich irgendwann danach zu forschen, wer diese Steine verlegt, erfunden hat, wem wir sie verdanken. Ich lande in der Richard-Wagner-Straße bei dem Künstler Gunter Demnig, der der Stadt abgetrotzt hat, vor den Häusern von Nazi-Opfern Stolpersteine verlegen zu dürfen. Er macht sie selbst, er verlegt sie selbst, er finanziert sie selbst, soweit keine Patenschaften übernommen werden – ein Stein kostet 75 Euro. Die Stadt hat erst zugesagt, dass die Steine verlegt werden dürfen, als klar war, dass sie keinen Pfennig dazutun müsste, sie hat, heißt es, »die Schenkung angenommen«. Erinnert wird nicht nur an Juden, erinnert wird an alle Opfer des Terrors, an Homosexuelle und Sinti, an verschleppte und gemordete ›Politische‹ und an Zeugen Jehovas und Euthanasieopfer, »und eigentlich«, sagt Demnig, »müssten in Köln rund 15 000 Steine verlegt werden.« »Und eigentlich«, fügt er hinzu und funkelt mich unternehmungslustig an, »müssten in ganz Europa sechs Millionen davon verlegt werden, in allen Städten, vor jedem Haus, aus dem Menschen verschwanden.«

Mahnmale stehen oft außerhalb der Städte, auf freien Plätzen, in Regierungsvierteln, auf Friedhöfen. Die Stolpersteine sind eingegliedert in das tägliche Leben, und wenn man lange genug stehen bleibt und die Namen liest, stellt sich immer jemand dazu, fragt, staunt, diskutiert, ich habe auch schon einen alten Herrn erlebt, der zu mir sagte: »Ja ja, die Juden. Jetzt wird so ein Gedöns drum gemacht, als wären die alle unschuldig gewesen.« Der Schoß ist fruchtbar noch, aus dem dies kroch. Und es war ja wohl auch nicht so, als wäre bis 1933 in der Nachbarschaft alles wunderbar intakt gewesen, und dann flogen zufällig die Möbel aus den Fenstern und die Menschen in die Waggons. Auch darüber denken wir nach, wenn wir vor den Stolpersteinen stehen bleiben. Ich wohne in Marienburg. Ich finde kaum Stolpersteine im feinen Marienburg, wo die Villen jüdischer Familien noch stehen und heute in anderem Besitz sind. Die Marienburger, sagt Demnig, zieren sich noch. Wir ahnen, warum. Und einmal, erzählt er, bat ein Mann ihn flehentlich, vor seinem Haus keinen Gedenkstein zu setzen, denn schräg gegenüber träfen sich die Rechtsradikalen, und die würden ihm dann die Fenster einschlagen. Weit haben wir es mit der Vergangenheitsbewältigung noch nicht gebracht, und ohnehin ist da nichts zu ›bewältigen‹. Es gilt sich zu erinnern, sich zur Schuld zu bekennen, alles daran zu setzen, dass sich diese Rechtsradikalen eben nicht mehr treffen können und dürfen. Im Stadtrat gab es gegen die Stolpersteine damals eine Stimme: Sie gehörte einem Republikaner. Warum sitzt der im Stadtrat?

Der verwegenste Stolperstein Kölns liegt direkt vor dem Historischen Rathaus, städtische Repräsentanten und glückliche Brautpaare schreiten mehr oder weniger bewusst darüber. Auf den hat Demnig den von Himmler, Reichsführer der SS, am 16.12.1942 erteilten Befehl zur Deportation aller Sinti und Roma nach Auschwitz wörtlich eingraviert. Den Weg, den sie gehen mussten bis Deutz, hat er vor Jahren in einer zwölf Kilometer langen symbolischen Linie quer durch die Stadt zuerst in weißer Farbe, später in 23 Steinplatten mit Messinggravur an einzelnen Stellen auf dem Straßenpflaster markiert. Demnig legt Spuren. In der Zeit der Debatten über atomare Nachrüstung zog er seinen Kreidekreis – einen Kreis mit vierzig Kilometer Radius um Wuppertal –, die Kreidespur machte das Gebiet sichtbar, das von einer Atombombe unmittelbar und sofort zerstört würde. »Um die Zukunft zu planen, braucht man notwendigerweise die Erinnerung«, sagt Arnaldo Pomodoro, ein italienischer Bildhauer, der zufällig auch wunderbare und sehr eindrückliche Kunstwerke aus Messing schafft. Demnig glaubt an Zukunft und vergisst deshalb die Vergangenheit nicht. Seine Kunst ist, wie jede wirkliche Kunst, politisch. Das gilt auch für seinen sehr komischen Schulterklopf-Automaten: Man wirft eine Mark ein, und dann klopft einem eine Hand tüchtig auf die Schulter, und eine Schrift sagt:»Gut gemacht, weiter so!«

Es zeichnet den Kölner aus, dass er sich gern selbst auf die Schulter klopft. Der Kölner kann sich gut leiden und ist sehr mit sich im Reinen. Wir wollen ihm das von Herzen gönnen, aber wir wollen auch nicht vergessen, dass es Zeit ist, gewisse Legenden endlich zu Grabe zu tragen, etwa die vom beherzten Kölner Widerstand im Dritten Reich. Da war nicht mehr und nicht weniger Zivilcourage als überall sonst auch. Wenig genug. Es gibt keinen Grund, sich dafür auf die Schulter zu klopfen, aber es gibt Grund, beim Gang durch diese so herrlich normale, wache, lebendige Stadt ab und zu zu stolpern.

Brüsseler Straße 4, die Familien Herz, Sonn, Adler hatten keine Chance. In Nummer 5 gegenüber freundliche Menschen in den Fenstern. Die Familien Herz, Sonn und Adler wären vielleicht vergessen, würden Demnigs Stolpersteine nicht an sie erinnern. Viele sind vergessen. Viele Namen wissen wir nicht mehr. Aber wir wissen eine Zahl, und sie liegt etwa bei sechs Millionen.

Ich schließe die Augen und stelle mir vor, dass künftige Astronauten aus dem Weltall nicht nur die feine Linie der chinesischen Mauer wahrnehmen, sondern dass ihnen auf der blauen Erdkugel ein kleines Land namens Deutschland auffällt, weil von dort unzählige goldene Sterne in der Sonne funkeln. Für jede ermordete Seele einer. Vom Himmel aus zu sehen, falls im Himmel jemand ist, der sehen kann.

*Dieser Text wurde entnommen aus dem Buch »Köln – Bilder und Geschichten« von Stefan Worring und Elke Heidenreich. KiWi-Köln, Köln 2001*

# Stolperstein vor dem Haus Robert-Heuser-Straße 3

## Liesel und Ursel – eine Kinderfreundschaft

### URSULA BLUMENFELD
### (1931–?)

»Brüderchen und Schwesterchen«, das Märchen der Brüder Grimm, hatte es den beiden kleinen Mädchen angetan. Die Schwester im Kindergarten musste es wieder und wieder vorlesen, und dann spielten Liesel und Ursel die Geschichte von den beiden verstoßenen Kindern mit der bösen Stiefmutter nach. Liesel war immer »Brüderchen«, das von der Stiefmutter in ein Reh verwandelt worden war, und Ursel durfte »Schwesterchen« sein, das der Königssohn zu seiner Königin gemacht hatte.

Kein Tag sei damals im Kindergarten vergangen, so erzählt Liesel Berns heute, an dem Ursel und sie nicht eine Szene aus diesem Märchen sozusagen »mit verteilten Rollen« gespielt hätten. Und wenn sie heute daran denke, falle ihr dabei immer der Spruch der Königin ein, die nachts ins Schloss kommt, um nach ihrem Kind zu sehen – diese beiden Zeilen aus dem alten Märchen, die erst viele Jahrzehnte später für Liesel Berns eine ganz besondere Bedeutung bekommen haben: »Was macht mein Kind? Was macht mein Reh? Nun komm ich noch einmal und dann nimmermeh' ...«

Liesel Berns, geborene Fahl, ist ein waschechtes »kölsch Mädsche«, 1930 im Vringsveedel geboren und in Sankt Severin mit »Wasser vum Rhing jetäuf«. Bald nach Liesels Geburt zog die Familie nach Köln-Bayenthal.

Liesels Vater hatte einen Beruf, den es heute schon lange nicht mehr gibt: Er arbeitete als »Blockeisfahrer«: Auf seinem Pferdefuhrwerk hatte er große Stangen Blockeis geladen, die damals, als es noch keine elektrischen Kühlschränke, sondern nur »Eisschränke« gab, oben in diese Schränke eingelagert wurden, um so die Vorräte einige Tage lang kühl zu halten. Vater Fahl, der bei seinem eisigen Job quer durch ganz Köln kurvte, kam überall herum und kannte natürlich auch die meisten seiner Kunden persönlich. Manchmal erzählte er am Abend von den Bewohnern der vornehmen Häuser, in die er geliefert hatte. Und immer hörte Liesel mit großen Augen zu. Vor allem die Erzählungen von der wunderbaren Villa in der Robert-Heuser-Straße 3 in Köln-Marienburg beeindruckten sie. Der Vater hatte nämlich berichtet, dass dort eine Familie Blumenfeld mit einem kleinen Mädchen wohne, das in Liesels Alter sei und Ursel heiße.

Und dann – es muss 1934/35 gewesen sein – lernten sich Liesel Fahl und Ursel Blumenfeld kennen: im katholischen Kindergarten der Schwestern vom Heiligen Kreuz, der im Haus des Irmgardislyzeums in der Schillerstraße untergebracht war. Wer von den Mädchen zuerst in diesem Kindergarten war, das weiß Liesel Berns heute nicht mehr. Auch nicht, wer von den beiden die andere das erste Mal schüchtern anlächelte. Aber sie weiß, dass es Zuneigung auf den ersten Blick war.

So richtig näher gekommen seien sie sich dann, erzählt Liesel Berns, beim Frühstück im Kindergarten. Und zwar durch den regelmäßigen Tauschhandel mit den Frühstücksbrötchen. Liesel war ein zartes, nein, ein außergewöhnlich dünnes Kind. Damit diese kleine »Spitzmaus« wenigstens ein bisschen »Speck auf die

Katholischer Kindergarten der Schwestern vom Heiligen Kreuz, Schiller-straße, Köln-Bayenthal

Rippen« bekommen sollte, bestrich Liesels Mutter die Brötchen und Butterbrote immer fingerdick mit Leberwurst oder belegte sie mit einer ordentlichen Scheibe Fleischwurst. Doch anstatt nun diese sorgsam zurechtgemachten potenziellen Dickmacher gehorsam aufzuessen, interessierte Liesel sich weitaus mehr für Ursel Blumenfelds Proviant. Der nämlich bestand fast immer aus Weckchen mit Butter und – einer köstlichen Schicht Schokoladenstreusel obendrauf. Diese Butterweckchen mit den süßen braunen Streuseln erschienen Liesel als der Höhepunkt aller kulinarischen Genüsse. Ursel Blumenfeld dagegen fand Liesels Fleisch- und Leberwurstvorräte ungewöhnlich reizvoll – wohl auch deshalb, weil sie beides von zu Hause nicht kannte. Jedenfalls war das morgendliche Frühstücksritual immer dasselbe: Zunächst wurden die kleinen ledernen Kindergartentäschchen geöffnet, dann wurde verhandelt, geschnuppert, abgebissen und schließlich getauscht.

Nachdem diese oft zeitaufwändige Aktion abgeschlossen und leberwurst- und schokoverschmierte Hände gewaschen waren, folgte die nächste Tauschmaßnahme: Glanzbilder! Rosen-ranken, bunte Herzen, Sterne und Tauben mit Briefen im Schnabel wechselten dabei die Besitzerin. Und dann, während die anderen Kinder »Dreht euch nicht um, der Plumpsack geht um«, Fangen oder Ball spielten, setzten sich Liesel und Ursel ab, verzogen sich in eine Ecke, um die »nächste Folge« von »Brüderchen und Schwesterchen« zu inszenieren. Und immer kam dann der unumgängliche Reim: »Was macht mein Kind? Was macht mein Reh? Nun komm ich noch diesmal und dann nimmermeh' ...«

Die beiden Kinder waren bald unzertrennlich. Auch auf dem Kindergartenfoto stehen sie – natürlich – nebeneinander: Ursel mit dunklem Pagenkopf und Stupsnase, Liesel, einen halben Kopf größer, blond und dünn. Sie tragen die gleichen Schot-tenkleider mit den gleichen weißen Kragen, ganz so, als ob sie Zwillinge wären. Sie halten sich fest an den Händen und lächeln etwas scheu in die Kamera.

Ursula Blumenfeld und Liesel Fahl im Kindergarten in Köln-Bayenthal inmitten ihrer Spielkameradinnen – zu erkennen an den identischen Kleid-chen mit hellem Kragen

Manchmal durfte Liesel die Freundin auch zu Hause besuchen. Dann lief sie jedes Mal von Bayenthal zu Fuß nach Marienburg, bis sie vor der Villa in der Robert-Heuser-Straße stand und mit Herzklopfen wartete, dass das Hausmädchen öffnete. Durch die Haustür trat Liesel in eine fremde, ja, fast exotische Welt mitten in Köln. Es war, sagt sie heute, jedes Mal ein kleiner Ausflug in ein fernes Paradies.

Das Haus der Blumenfelds in der Robert-Heuser-Straße 3 in Marienburg – das war eine große mehrstöckige Doppelvilla, die der Erbauer Joseph Brandt in den Jahren 1909/1910 in der Architektur des späten Jugendstils hatte errichten lassen. Es war ein Bau mit hohen Sprossenfenstern und Schlagläden, mit Räumen wie Tanzsäle, einem riesigen Esszimmer, an das sich ein Wintergarten anschloss, mit einer gleich neben dem Hauseingang gelegenen Bibliothek, in der die Bücherregale aus dunklem Holz bis an die Decke reichten. Außerdem gab es Treppen, auf deren blank polierten Geländern man herrlich hinunterrutschen konnte, und einen Garten mit Sandkasten und Schaukel. Viele ihrer Erinnerungen, so sagt Liesel Berns, seien vielleicht im Lauf der Jahre etwas verblasst, unvergessen aber sei ihr Ursels Kinderzimmer, ein großer heller Raum mit weißen Schleiflackmöbeln und bunt geblümten Vorhängen. Und dann war da natürlich noch der niedliche Foxterrier, der ständig hinter den kleinen Mädchen her die Treppen hinauf- und wieder hinunterjagte und dabei pausenlos bellte. Wollten die beiden noch zusätzlich Gesellschaft haben – Ursel besaß keine Geschwister, die man zum Spielen animieren konnte –, mussten sie nur quer über die Straße laufen. In dem großen roten Backsteinhaus gegenüber war Gesellschaft mehr als ausreichend vorhanden, wohnte dort doch eine Rabbinerfamilie mit elf Kindern!

Absolute Höhepunkte im Jahr waren für Liesel immer Ursels Geburtstagsfeier im August und der Besuch im »Hänneschen«, zu dem Ursels Mutter die Mädchen mitnahm. Die Tage, die sie in der Villa in der Robert-Heuser-Straße verbringen durfte, zählten für Liesel Fahl zu den schönsten ihrer Kindheit. Und die Freundin Ursel hat bis heute einen festen Platz in ihrem Herzen und Gedächtnis. Ursula Blumenfeld wurde am 12. August 1931 in Essen geboren. Über die Familie ist nur noch wenig bekannt. Der Vater, Paul Blumenfeld, Rechtsanwalt und Notar, war kein Kölner, sondern Essener. 1892 war er dort als Sohn einer jüdischen Familie geboren worden. Er hatte sich erst 1935 in Köln niedergelassen und besaß eine Kanzlei in der Wörth-straße nahe dem Reichensperger Platz. Er hatte Anna Johanna Wallach, eine Kölnerin aus wohlhabender jüdischer Familie, geheiratet. Ihr Vater, der Kaufmann Albert Wallach, war Eigentümer des Hauses in der Robert-Heuser-Straße. Die kleine Ursel blieb das einzige Kind des Paares. Wahrscheinlich gehörten die Blumenfelds zu den typischen assimilierten Kölner Juden, die auch nichts dabei fanden, die Tochter in einen katholischen Kindergarten zu schicken – einfach, weil er in der Nähe ihres Hauses lag. Liesel Fahl jedenfalls ist während ihrer Kinderzeit nie zu Bewusstsein gekommen, dass die Freundin Jüdin war.

Die gemeinsame Kindergartenzeit der beiden Mädchen endete um das Jahr 1937. Liesel wurde in die Volksschule in der Tacitusstraße eingeschult; in welche Schule Ursel kam, weiß sie nicht mehr. Die Freundinnen begannen, sich aus den Augen zu verlieren. An eine Begebenheit aus dieser Zeit aber erinnert sich Liesel Berns noch gut: Auf der Goltsteinstraße traf sie Frau Blumenfeld, die in der Bäckerei Breuer Brot kaufte. Liesel stürzte freudig auf sie zu, knickste und reichte ihr die Hand. Als sie zu Hause von dieser Begegnung berichtete, fragte Vater Fahl, ob sie denn nicht wisse, dass sie der Frau Blumenfeld keine Hand mehr geben dürfe, sonst komme sie dorthin, wohin »die« auch kämen. Auf ihre verwirrten Fragen bekam Liesel keine Antwort.

Viele Jahre später, als der Krieg längst vorbei war und die mittlerweile erwachsene Tochter in Kino und Wochenschauen das Geschehene gesehen hatte, hat sie den Vater auf diesen Vorfall angesprochen. Der behauptete, es habe niemand etwas gewusst. Geglaubt hat Liesel ihm das nicht. Auch deshalb nicht, sagt sie, weil er schließlich Soldat gewesen sei. Die Haltung des Vaters löste damals in Liesel Zorn und Empörung aus. Sie hat den Vorfall lange nicht vergessen. Heute allerdings sieht sie ihn in etwas anderem Licht: Der Vater habe ihr das wohl aus Sorge um sie so erklärt.

In der Nacht vom 9. auf den 10. November 1938, als auch in Köln die Synagogen brannten und die Glasscherben aus den Fenstern der geplünderten Häuser und Geschäfte auf dem Straßenpflaster aufgehäuft lagen, hat Liesel Fahl verstört ihre Großmutter gefragt, was das alles zu bedeuten habe. Die Großmutter hat sie schweigend bei der Hand genommen, ist mit ihr zu der alten Vitrine gegangen und hat dort eine Kerze der Muttergottes aus Kevelaer für die Enkelin hervorgekramt. Diese Kerze wurde nur bei ganz besonderen Anlässen angezündet. »Und dann«, so erinnert sich Frau Berns, »haben wir für die Juden gebetet. Auch für Ursel.«

Ende 1940, als der Krieg fortschritt und die Bombenangriffe auf Köln zunahmen, verließ die Familie Fahl die Stadt und zog zu Verwandten aufs Land, in die Eifel. Wann genau sie Ursel das letzte Mal gesehen hat, kann Liesel Berns heute nicht mehr sagen.

Wie Ursel Blumenfeld die kurze Zeit, die ihr noch blieb, verbrachte, können wir nur vermuten. Niemand, der davon berichten könnte, hat überlebt. Die Erfahrungen, die jüdische Kinder in diesen Zeiten machen mussten, werden auch ihr nicht erspart geblieben sein: Irgendwann wird der Vater gezwungen worden sein, seinen Beruf aufzugeben, die schöne Villa in Marienburg wird ihren Besitzer gewechselt haben. Nach dem 15. November 1938 ist Ursel der Besuch einer nichtjüdischen Schule untersagt worden. Nach dem 1. September 1941 wird sie an ihrer Kleidung den gelben Stern getragen haben. Die nichtjüdischen Freundinnen und Freunde werden nach und nach ausgeblieben sein. »Es tat weh, nicht mehr dazuzugehören«, hat eines dieser verfemten Kinder einmal in sein Tagebuch geschrieben. Ursel Blumenfeld mag ähnlich empfunden haben. Vielleicht haben die Eltern sie noch eine Zeit lang auf eine jüdische Schule geschickt. Auch das wissen wir nicht.

Wir wissen aber: Jedes neue Gesetz, jeder neue Erlass zur Diskriminierung und Entrechtung von Juden, ging Erwachsene und Kinder gleichermaßen an. Und manchmal waren Kinder noch stärker betroffen. In der Geschichte von Kindern bündelt sich das Grauen wie in einem Brennglas. Sie waren die verletzlichsten, die schutzlosesten Mitglieder der verfolgten Gemeinschaft, diejenigen, die völlig ohne Macht, Hilfsmittel oder Verbindungen waren.

Die Familie Blumenfeld wurde 1942 nach Theresienstadt deportiert. Und von da vermutlich weiter nach Auschwitz. Ursula Blumenfeld, zum Zeitpunkt ihrer Deportation elf Jahre alt, hat kein genaues Todesdatum und kein Grab. Sie und ihre Eltern gelten als verschollen. Sie wurden für tot erklärt.

Und so werden die Fragen, die Liesel Berns sich auch heute noch stellt, wohl für immer unbeantwortet bleiben. Es sind Fragen wie: Was genau stieß Ursel zu? Was geschah mit ihr in der Zeit von der Deportation bis zu ihrer Ermordung? Welche Beobachtungen machte sie, welche Hoffnungen, Ängste, Träume und Alpträume bewegten sie? Wie bewältigte sie die Realität, in der sie lebte? Wie wurde diese Realität von ihr, dem behüteten Kind behütender Eltern, wahrgenommen und verarbeitet? Und gab es irgendjemand, der sie auf ihrem letzten Weg an die Hand nahm, ein Wort, eine Geste für sie hatte?

Nach dem Krieg hat Liesel Berns überall nach Ursel geforscht. Gefunden hat sie, außer ein paar dürren Daten, nichts. Mehrmals war sie in Yad Vashem; da sie aber keine Angehörige der Gesuchten war, bekam sie keine Auskunft. Und so mag Ursel Blumenfeld vielleicht stellvertretend für all jene jüdischen Kinder stehen, deren Schicksal wir ahnen und von dem wir doch nichts wissen.

Einige Male ist Frau Berns noch zu dem Haus in der Robert-Heuser-Straße 3 gegangen, das heute ein Hotel ist. Sie hat davor gestanden und zum Fenster von Ursels Kinderzimmer hochgeschaut. Einmal hat sie sich ein Herz gefasst, geklingelt und ihr Anliegen erklärt. Sie wurde freundlich hereingebeten.

Manches war ihr – ein Menschenalter später – sofort wieder vertraut, anderes – das meiste – fremd. Das Paradies ihrer Kinderzeit steht noch und ist doch verschwunden.

Stolperstein vor dem Haus Im Dau 4

»Hitlers Tod: Frieden und Brot!«

## ENGELBERT BRINKER

### (1883–1944)

Es war die Sache mit den verdammten Weihnachtsplätzchen, die die Gruppe auffliegen ließ und die Katastrophe auslöste: große Tüten voll mit Aachener Printen, die in diesen Zeiten – man schrieb das Jahr 1944 – regelrechte Kostbarkeiten waren.

In den Besitz der Leckereien war die Gruppe durch einen reinen Glücksfall gelangt. Leni Werner, eines der Gruppenmitglieder, besaß nämlich einen kleinen Lebensmittelladen auf dem Gottesweg. Nach einem Bombenangriff auf das Haus hatte sie den Behörden einen angeblichen Fliegerschaden an ihrem Geschäft gemeldet, woraufhin die Gruppe alle Lebensmittel des Ladens »requiriert« beziehungsweise schlicht beiseite geschafft und sie im Keller des Hauses Sülzgürtel 8 deponiert hatte. Da lagerten nun, zwischen recht spärlichen Kohlen- und Kartoffelvorräten, etwa vier Zentner Zucker, zwei Zentner Butter, Mehl, Hülsenfrüchte und eben – die Weihnachtsplätzchen.

Sonst war die Atmosphäre in diesen Spätherbsttagen in Köln eher unweihnachtlich. Die Stadt lag in Schutt und Asche. Unzählige Bombenangriffe hatten sie völlig verwüstet. Überall auf Straßen und Bürgersteigen türmten sich Häusertrümmer, Kirchenruinen und Schuttberge. Dazwischen Bombentrichter, Unkraut, Abfälle. Seit Wochen gab es keinen elektrischen Strom mehr. Wasser musste aus oftmals weit entfernten Brunnen herbeigeschafft werden. Die Menschen hatten Hunger, waren von Bombennächten übermüdet, gereizt, immer auf dem Sprung zum nächsten Bunker oder in den Luftschutzkeller, die Ohren stets auf das Geheul der Sirenen gespitzt.

Mit fast hundert schweren Luftangriffen war das Jahr 1944 für Köln das schlimmste seit Kriegsbeginn gewesen. Und wer Augen hatte zu sehen und Ohren zu hören, dem war der Glaube an den viel beschworenen »Endsieg« längst abhanden gekommen, der wusste, dass die Tage des Dritten Reichs gezählt waren. Ganz sicher wussten das auch die untergetauchten Deserteure und die entflohenen Zwangsarbeiter, die sich in den Trümmerbergen der Stadt versteckt hielten. Seit die Alliierten im September 1944 vor Aachen standen, warteten gerade sie ungeduldig auf ein baldiges Ende des Krieges. Als »Illegale« konnten sie sich entweder nur durch Diebstahl mit Lebensmitteln versorgen oder darauf hoffen, dass es Helfer gab, die ihnen etwas Essbares zusteckten.

An einem dieser neblig-trüben Herbsttage – so erinnert sich heute noch der Kölner Heinz Humbach – tauchte in seinem Elternhaus am Sülzgürtel 8 der Mann auf, dem die Weihnachtsplätzchen zum Verhängnis werden sollten. In einem abgetragenen Mantel mit hochgeschlagenem Kragen stand er fröstelnd im matten Schein der Deckenlampe im Hausflur. Schnell wurde er in die Humbachsche Wohnung gezogen. Türen wurden fest geschlossen, es wurde nur noch geflüstert. Irgendwann öffnete jemand die Wohnungstür wieder leise und spähte hinaus, ob die Luft rein war. Dann stieg Heinz Humbachs Vater mit dem Besucher lautlos hinunter in den Keller, wo die beiden eine ganze Weile blieben.

Als der Fremde das Haus wieder verließ, trug er voll gepackte Tüten mit den »requirierten« Lebensmittel – darunter auch die Weihnachtsplätzchen – bei sich. Sie sollten für ein paar Tage das Überleben der »Illegalen« in ihren Verstecken sichern. Für die Untergetauchten in eisigen Kellern, auf staubigen Dachböden, in verlassenen Gartenlauben und auf Trümmergrundstücken waren die

Gedenktafel am Haus Sülzgürtel Nr. 8, Köln-Sülz

Menschen im Haus am Sülzgürtel eine Art Rettungsanker. Ohne deren tatkräftige Unterstützung wären viele von ihnen noch vor Kriegsende verhungert.

In dem Mietshaus Sülzgürtel 8 wohnten Ferdinand und Grete Humbach mit ihrem 16-jährigen Sohn Heinz. Die Humbachs waren als Kommunisten entschiedene Gegner des Nazi-Regimes; Vater Ferdinand war gleich nach 1933 mehrfach verhaftet und eingesperrt worden. Inzwischen gehörte die Familie Humbach der Widerstandsgruppe Komitee der Volksfront an, die damals in Köln rund 200 Mitglieder zählte. Ins Leben gerufen worden war diese Gruppe von einigen Kölner Kommunisten, die zu der Überzeugung gelangt waren, man dürfe den Widerstand gegen das Nazi-Regime nicht parteipolitisch organisieren. Notwendig sei vielmehr eine Art »Volksfront«, in der jeder, der wollte, mitarbeiten konnte.

Als dann im Juli 1943 von Deutschen in der Sowjetunion das Nationalkomitee Freies Deutschland mit dem Ziel gegründet wurde, das NS-Regime zu stürzen und den Krieg so schnell wie möglich zu beenden, erfuhr man über Radio Moskau davon auch in Köln. Hier stellte man weitgehende Übereinstimmung

Engelbert Brinker

mit den politischen Zielen des NKFD fest und betrachtete sich fortan als Teil dieser Bewegung und übernahm auch den Namen.

Für konspirative Aktionen aller Art eignete sich das Haus am Sülzgürtel vortrefflich: Es gab dort nur vier Mietwohnungen, von denen zwei ständig leer standen, weil die Väter an der Front und die Familien evakuiert waren. Es wohnten dort also nur noch die Humbachs, die über die Schlüssel zu den leer stehenden Wohnungen verfügten, und die – politisch eher »ungefährliche« – Familie eines Regierungsrats a. D., der von den Nazis in Pension geschickt worden war, weil er sich geweigert hatte, in die NSDAP einzutreten. Folglich durfte die Familie Humbach davon ausgehen, dass sich diese Nachbarn um die Vorgänge im Haus nicht weiter kümmerten.

Dem engeren Führungszirkel des Kölner NKFD gehörten außer Ferdinand Humbach noch Willi Tollmann, Jean Kerp, Jakob Zorn, Otto Richter und Willi Schuhmacher an, der nach einer Verhaftungsaktion nach dem Hitler-Attentat am 20. Juli abtauchen musste. Weiter lebten in dem Haus die Jüdin Alice Neugebauer und ihre »halbjüdische« Tochter Ilse, die sich hierher vor der drohenden Deportation gerettet hatten.

Da zahlreiche Mitglieder des NKFD ohnehin im Haus am Sülzgürtel wohnten, ergab es sich, dass die »Leitung« zu den regelmäßigen »Lagebesprechungen« öfter dort tagte. Es herrschte ein lebhaftes Kommen und Gehen: Immer wieder musste schnell mal jemand in einer der leer stehenden Wohnungen beherbergt werden, mussten Flugblätter oder Lebensmittel abgeholt oder fortgebracht werden, gab es dringende Besprechungen. Der Sülzgürtel 8 war im Herbst 1944 ein Widerstandsnest.

Der Fremde in dem abgetragenen Mantel, der sich an diesem Novemberabend, bepackt mit Butter- und Zuckerpaketen und den Plätzchentüten, mit schnellen Schritten von diesem Widerstandsnest wieder entfernte, hieß Engelbert Brinker. Auch er gehörte dem Nationalkomitee Freies Deutschland an. Er wohnte Im Dau 4, arbeitete als Schlosser bei Klöckner-Humboldt-Deutz, wo er eine kleine Widerstandsgruppe gegründet hatte. Sie bestand überwiegend aus dort beschäftigten Zwangsarbeitern, die als potenzielle Mitstreiter gegen das NS-Regime galten. Intensiv kümmerte sich Brinker um die sowjetischen Zwangsarbeiter, die es besonders schwer hatten, weil sie von den Wachmannschaften bis aufs Blut drangsaliert wurden. Brinker und seine Helfer versorgten sie aber nicht nur mit Lebensmitteln, sondern steckten ihnen auch heimlich Nachrichtenzettel in russischer Sprache zu, die sie über den Kriegsverlauf informieren sollten. Diese Informationen mussten zunächst einmal von einem Mann, der im Bergischen Land lebte, vom Deutschen ins Russische übersetzt werden. Darum kümmerte sich Brinker ebenso wie um das meist nächtliche »Ablegen« von Flugblättern, Plakaten, Hand- oder Streuzetteln des Nationalkomitees Freies Deutschland. Diese Schriften oder auch kleinen Plakate, oft im Format 60 mal 40 Zentimeter, enthielten zumeist nur Schlagworte oder -zeilen sowie Parolen und konkrete Anweisungen an die Bevölkerung. Da stand dann etwa: »Arbeiter und Soldaten! Verweigert den Kriegsdienst!«, »Kämpft mit uns für den Frieden, für die Freiheit, für Deutschland!« oder die in fast allen Publikationen des NKFD immer wiederkehrende Formel: »Hitlers Tod: Frieden und Brot!«

Bei Brinker liefen viele Fäden zusammen. Seine – höchst gefährliche – Aufgabe bestand darin, Kontakte aufzubauen und zu halten, zu organisieren und zu koordinieren.

Engelbert Brinker, der damals mit zu den ältesten »Komitee«-Mitgliedern gehörte, war überzeugter Kommunist und erbitterter Hitler-Gegner. Er war einer von denen, die mutig und unbeugsam »gegen den braunen Strom« schwammen. Mit jeder seiner Aktionen riskierte er jeden Tag aufs Neue sein Leben. Und dennoch wissen wir kaum etwas über ihn. Die Zeugnisse seines Lebens sind so spärlich, dass seine Person nur schattenhaft, nur in Umrissen und nur vor dem Hintergrund seiner politischen Aktivitäten sichtbar wird. All seine Mitstreiter, alle die, die ihn kannten und mit ihm zusammen gearbeitet hatten, wurden um dieselbe Zeit ermordet wie er. Und auch von seiner Frau und seiner Tochter, die nach dem Krieg offenbar noch eine Weile in Köln lebten, haben sich längst alle Spuren verloren.

Geboren wurde Brinker am 16. November 1883 in Köln. Über seine Kindheit und Jugend wissen wir nichts. Auch nicht darüber, in welchem Stadtteil sein Geburtshaus stand und welche Schulen er besuchte. Ob es in seiner Familie eine kommunistische Tradition gab, ob sein politisches Bewusstsein im Elternhaus erste Prägung erhielt – all das ist nicht mehr bekannt. Irgendwo in Köln machte er eine Schlosserlehre. Belegt ist, dass er von 1919 an Mitglied der KPD war. Vermutlich gegen Ende des Jahres 1943 schloss er sich dem Nationalkomitee Freies Deutschland an und arbeitete im Untergrund. Um unbehelligt seiner illegalen Arbeit nachgehen zu können, paktierte er mit dem Teufel und trat in die NS-Organisation NSV (Nationalsozialistische Volkswohlfahrt) ein. Die Nationalsozialisten verliehen ihm sogar das Kriegsverdienstkreuz, als er, wie es in der Ehrung hieß, »nach einem Bombenangriff unter Einsatz seines Lebens mehrere Menschen vor dem Tode gerettet hatte«.

Ein einziges Foto existiert von ihm: Es zeigt ein kluges Gesicht mit wachen, ernsten Augen. Ein Gesicht, das Heinz Humbach bis heute im Gedächtnis geblieben ist, auch wenn er dieses Gesicht nur ein einziges Mal sah – an eben jenem Abend in Wohnung und Keller seines Elternhauses am Sülzgürtel. Dass gerade dieser Abend Brinkers Schicksal besiegeln würde – das ahnte damals niemand.

Willi Tollmann

Was genau geschah, nachdem Engelbert Brinker mit den Lebensmitteltüten in der Dunkelheit verschwunden war, kann nur, wenn auch mit einiger Sicherheit, vermutet werden. Irgendjemand hatte ihn offenbar schon länger beobachtet und muss wohl auch von den »requirierten« Esswaren Wind bekommen haben.

Am 14. November, nur ein paar Tage, nachdem Brinker zuletzt im Haus am Sülzgürtel war, griff die Gestapo zu: Er wurde verhaftet und ins Gefängnis Brauweiler gebracht. Die ehemalige »Arbeitsanstalt« Brauweiler hatte ursprünglich als Durchgangsgefängnis für die Konzentrationslager gedient und war dann zu einem Gestapo-Sondergefängnis ausgebaut worden, in dem Folterungen und Erschießungen stattfanden. Im Rahmen der so genannten Gitter- oder Gewitteraktion vom August 1944 waren hier auch prominente bürgerliche Politiker wie Konrad Adenauer und Otto Gerig von der früheren katholischen Zentrumspartei inhaftiert gewesen.

Engelbert Brinker – das wissen wir heute – wurde verraten. Nicht von fanatischen Nationalsozialisten, auch nicht von Spitzeln oder persönlichen Feinden, sondern von einer Gleichgesinnten, einer Kommunistin, die der Folter nicht mehr standgehalten hatte.

Im September 1944 hatte die Kölner Gestapo ein Sonderkommando unter Leitung von Ferdinand Kütter gebildet, das seinen Sitz in der alten Abtei und »Arbeitsanstalt« Brauweiler hatte. Es sollte vor allem die in Ehrenfeld tätigen »Banden« bekämpfen. Das Kommando konnte bald Erfolg melden. Festgenommen wurden in kürzester Zeit 128 »Bandenmitglieder«, darunter viele Zwangsarbeiter und auch sechs Mitglieder der Jugendgruppe »Edelweißpiraten« aus dem Umfeld des geflohenen KZ-Häftlings Hans Steinbrück. Diese sechs waren am 10. November 1944 ohne Gerichtsverfahren in Köln-Ehrenfeld an der Ecke Schönsteinstraße/Hüttenstraße gehängt worden. Unter den Hingerichteten befand sich ein 16-jähriger Junge namens Günther Schwarz – das jüngste Opfer. Er war »Halbjude« und hatte bei seiner Tante Auguste S. gelebt, die KPD-Mitglied war. Noch vor der Hinrichtung der Jugendlichen war Auguste S. ebenfalls festgenommen und verhört worden. Aufgrund dieses »Verhörs«, bei dem sicherlich Folter im Spiel war, wurde eine andere Frau – Erna H. – ebenfalls verhaftet und »vernommen«. Sie, die viele der NKFD-Mitglieder kannte, hat vermutlich unter den grausamen Quälereien der Gestapo einige Namen preisgegeben – wohl auch den von Engelbert Brinker. Nach ihrem Hinweis jedenfalls legte sich die Gestapo auf die Lauer und ließ die Falle zuschnappen.

Im Gefängnis Brauweiler wurde Brinker pausenlos verhört und massiv unter Druck gesetzt. Vor allem wollte man erfahren, woher er die Lebensmittel hatte; einige Tüten mit den Aachener Printen trug er bei der Verhaftung noch bei sich.

Engelbert Brinker weigerte sich zunächst standhaft, eine Aussage zu machen. Etwa zehn Tage hielt er durch. Die Gestapo prügelte ihn so, dass er am ganzen Körper tiefe Wunden davontrug, die sich entzündeten, eiterten und eine schwere Blutvergiftung hervorriefen. Als die Misshandlungen immer weiter verschärft wurden, gab Brinker irgendwann auf und – nannte die Adresse des »Hauptquartiers« des NKFD: Sülzgürtel 8.

Was dann geschah, daran erinnert sich Heinz Humbach so:

*Nachdem die Gestapo diese Adresse, Sülzgürtel 8, hatte, war alles andere ein Kinderspiel. Sie mußten nur in ihrer Kartei nachschauen und sahen dann, dass mein Vater bereits zwischen 1933 und 1935 inhaftiert gewesen war. Sie wussten also sofort: dahinter muß mehr stecken ...*

In der Tat verlor die Gestapo keine Zeit, die so gewonnenen Informationen zu nutzen. Ausgeführt wurde die »Aktion« von dem berüchtigten »Sonderkommando Kütter«, das auch die Ermittlungen gegen Engelbert Brinker geführt hatte.

Am 24. November, exakt zehn Tage nach Brinkers Verhaftung, stand ein stattliches Aufgebot von Gestapo und SS vor dem Haus am Sülzgürtel. Zur Zeit der Razzia befanden sich neun Mitglieder des »Nationalkomitees« im Haus. Zu den Verhafteten gehörte Willi Tollmann, der noch durch einen Sprung aus einem Fenster im zweiten Stock versuchte zu fliehen. Er konnte sich noch kurze Zeit auf einem Trümmergelände verstecken, wurde dann aber von der Gestapo entdeckt und festgenommen. Ebenfalls verhaftet wurden Alice und Ilse Neugebauer, Willi Tollmanns Lebensgefährtin Leni Werner, Willi Schuhmacher, Ferdinand und Grete Humbach, der 16-jährige Heinz Humbach und später noch Jacob Zorn, der als Einziger der Verhafteten versuchte, seine Waffe einzusetzen – vergebens. Sichergestellt wurden im Haus Waffen und Munition, Flugschriften und Lebensmittel. Auch vorbereitete Ausweise, mit denen sich die Mitglieder des »Komitees« gegenüber den Alliierten nach der Besetzung Kölns als Widerstandsgruppe legitimieren wollten, fielen der Gestapo in die Hände. Dass solche Dinge überhaupt an einem Ort gefunden werden konnten, widersprach allen Regeln des Widerstands. Die Fahrlässigkeit der Gruppe in diesem Punkt verwundert umso mehr, wenn man sich ihr sonst so umsichtiges Agieren vor Augen führt.

Das schnelle Handeln der Staatsmacht zeigt, welche Bedeutung sie dem »Komitee« beimaß. In den nächsten Tagen wurden überall in Köln rund 55 NKFD-Mitglieder verhaftet. Das Widerstandsnest am Sülzgürtel 8 war damit ausgehoben. Die Festgenommenen wurden ebenfalls nach Brauweiler gebracht. Auch sie wurden verhört und gefoltert. Einer der Häftlinge notierte:

*Ich wurde in den Keller gebracht. Dort hat man mich über einen Schemel gelegt und so lange geprügelt, bis ich bewusstlos geworden war. Immer wieder dazwischen eine Pause und dann die Fragen, ob ich jetzt bereit sei, Namen zu nennen oder eine Art Geständnis zu unterzeichnen (...)*

Die »Unterbringung« in Brauweiler war unmenschlich: Mit auf dem Rücken gefesselten Händen mussten die Häftlinge wochenlang auf dem Fußboden ihrer eisigen Zellen liegen. Man nahm ihnen die Fesseln auch nicht ab, wenn sie etwas zu essen bekamen, so dass sie ihre Mahlzeiten wie Tiere aus den hingestellten Schüsseln auflecken mussten. Auch Heinz Humbach, 16 Jahre alt, der in einer Zelle neben der seines Vaters lag, wurde gefoltert und misshandelt.

All das geschah aufgrund des Geständnisses eines einzigen Mannes, der den Qualen der Folter nicht mehr gewachsen war, der schließlich nach all den erlittenen Schindereien zu schwach war, um weiter zu schweigen. Wer wollte darüber richten?

Rund dreihundert Jahre vor diesen Ereignissen hatte der Jesuitenpater, Lehrer am Dreikönigsgymnasium und »Hexenanwalt« Friedrich Spee v. Langenfeld in seiner »Cautio Criminalis«, der Kampfschrift gegen den Hexenwahn, notiert: »Was Folter und Denunziation vermögen? Sie vermögen nahezu alles (...)«

Engelbert Brinker starb am 13. Dezember 1944 an den Folgen der Torturen. Sein Grab ist nicht bekannt.

# Stolperstein vor dem Haus Ehrenfeldgürtel 171

## Widerstand durch Pflichterfüllung

### RABBINER DR. ISIDOR CARO
### (1876–1943)

Der Gestapobeamte glaubte zunächst, sich verhört zu haben. Er hatte es sich nach den Turbulenzen der vorausgegangenen Ereignisse an diesem trüben Novembertag 1938 in seinem Büro im El-De-Haus am Appellhofplatz gerade bei einer Tasse Kaffee gemütlich gemacht, als es an der Tür klopfte. Dort stand ein bärtiger Mann in schlichtem schwarzem Anzug, stellte sich als Rabbiner Dr. Caro vor und erläuterte dem verdutzten Beamten ohne Umschweife sein Anliegen. Er bitte darum, so erklärte er ungerührt, seine während des Pogroms vom 9. November 1938 festgenommenen und in der Abtei Brauweiler inhaftierten Rabbinerkollegen besuchen und seelsorgerlich betreuen zu dürfen.

Mag sein, dass der Gestapobeamte völlig überrumpelt oder auch nur unsicher war, weil er nicht wusste, wie er mit diesem höflich-selbstbewusst auftretenden Mann umgehen sollte. Jedenfalls blieb Dr. Caro auf freiem Fuß – und die beantragte Genehmigung wurde umgehend erteilt.

Der Bittsteller war eine bekannte Kölner Größe. Man wusste um seine guten Beziehungen zu den Geistlichen der beiden christlichen Konfessionen. Die Juden in Köln hatten eine stattliche Anzahl Rabbiner, die über die Stadtgrenzen hinaus bekannt und berühmt waren. Dazu gehörten Persönlichkeiten wie der Gemeinderabbiner Dr. Adolf Kober (1879–1958), Dr. Ludwig Rosenthal (1870–1938), Rabbiner in der Synagoge Glockengasse, Dr. David Carlebach (1899–1952), Rabbiner der orthodoxen Austrittsgemeinde Adass Jeschurun, Dr. Benedikt Wolf (1875–1968), Direktor der Kölner Talmud-Torah-Schule, und nicht zuletzt eben Dr. Caro.

Isidor Caro war, wie viele »kölsche Juden«, ursprünglich ein Kind des Ostens. Als Spross einer alten, angesehenen Gelehrtenfamilie wurde er am 6. Oktober 1876 in Znin in der Provinz Posen geboren.

Da er als ältester Sohn der Familie zum Rabbiner bestimmt wurde, studierte er zunächst am Rabbinerseminar und dann an der Hochschule für die Wissenschaft des Judentums in Berlin. Er promovierte schließlich an der Universität Gießen in Geschichte und Philosophie. 1908 kam er als Rabbiner nach Köln. Mit seiner Frau Clara bezog er eine geräumige Etage in dem großen Gründerzeithaus am Ehrenfeldgürtel 171. Gleichzeitig unterrichtete er als Religionslehrer am Gymnasium Kreuzgasse. Ab seinem Amtsantritt bis weit in den Zweiten Weltkrieg hinein war er der religiöse Erzieher einer ganzen Generation junger jüdischer Kölner.

Neben seiner Rabbinertätigkeit und dem Schulunterricht widmete er sich intensiv der Seelsorge. 1913 wurde er zum Anstaltsgeistlichen und Seelsorger für jüdische Strafgefangene bestellt. Im Jahr zuvor hatte Caro die »Richtlinien zu einem Programm für das liberale Judentum«, das von der Vereinigung liberaler Rabbiner veröffentlicht worden war und scharfe Proteste der deutschen jüdischen Orthodoxie herausgefordert hatte, mitunterzeichnet.

Auch Clara Caro enga-
gierte sich: Ehrenamtlich
betreute sie strafgefangene
jüdische Frauen im städ-
tischen Gefängnis Klingelpütz. Außerdem betätigte
sie sich in der so genannten Gefährdeten-Fürsorge,
die damals dem Jüdischen
Frauenverein angegliedert
war. Dazu gehörte die Be-
treuung Krimineller, die
zur Beobachtung ihres
Geisteszustands in der psy-
chiatrischen Abteilung des
städtischen Krankenhauses
Lindenburg untergebracht

Rabbiner Dr. Isidor Caro

waren. Hinzu kam die Arbeit am städtischen Gesundheitsamt
und die Fürsorge für entlassene weibliche Strafgefangene.
Diese Tätigkeiten durfte Clara Caro bis zum 1. Januar 1939
ausüben.

Isidor Caro war überzeugter Zionist. In einem Vortrag, den er
1933 in der Synagoge Roonstraße hielt, bekannte er sich offen
zu den Ideen Theodor Herzls, der 1896 in seinem Essay »Der
Judenstaat« einen eigenen Staat für Juden aus aller Welt propa-
giert hatte. In diesem Vortrag versicherte Caro seinen Zu-
hörern: »Wenn wir im Judentum bleiben, wird Israel nicht
untergehen ...«

Wie Isidor und Clara Caro die Ereignisse des 30. Januar 1933,
den Tag der Machtergreifung durch die Nationalsozialisten, in
Köln erlebten, ist nicht überliefert. Doch auch danach konnten
sich selbst gut informierte Juden das Ausmaß dessen, was
folgen sollte, kaum vorstellen. Deutlich machte das ein Artikel,
den ein Kollege Caros, der Kölner Gemeinderabbiner Dr. Lud-

wig Rosenthal, am 31. März 1933 unter der Überschrift »Ein Wort zur Zeit« im Gemeindeblatt der Kölner Synagogengemeinde veröffentlichte. Darin heißt es:

*Die neue Zeit hat begonnen – das neue deutsche Reich ist aufgerichtet. Für uns Juden hat sie Einzug gehalten mit Schmälerung unseres bürgerlichen Rechts, Verletzung unserer persönlichen Würde, Einengung unserer religiösen Freiheit. Während all die anderen mit wehenden Standarten hinausziehen in die Weite, auf die von frohem Lärm durchtobten Gassen, bleibt dem Juden nichts anderes übrig als die herbe Mahnung des Propheten:»Geh, mein Volk, komm in deine Kammern, mach deine Türen hinter dir zu. Wart ab eine Weile, ob der Sturmbraus vorüberzieht (...) Warten und harren auf Den, der das Geschick der Menschheit lenkt und fügt, steigen lässt und sinken nach Seinem Willen, von Dem wir aber auch wissen und bekennen: Siehe, der Hüter Israels schläft und schlummert nicht (...)«*

1934 wurde Isidor Caro von seiner Gemeinde ausgiebig geehrt, obwohl die Zeiten für Jubiläen, Ehrungen und Feste schon schlecht waren und täglich schlechter wurden. Für diese Ehrung gab es gleich drei Anlässe: das 25-jährige Wirken Caros in der Kölner Synagogengemeinde, die 25-jährige ehrenamtliche Arbeit Clara Caros und die Silberhochzeit der beiden. Unter der Überschrift »Dreifaches Jubiläum im Rabbinerhause Caro« widmete das Gemeindeblatt Nr. 13/1934 seinem Rabbiner einen langen Artikel, in dem unter anderem steht:

*Selbst ein feinsinniger Interpret unserer Propheten, erfüllte Dr. Caro seine Schüler und Schülerinnen mit dem Geiste der großen Eiferer des jüdischen Volkes, senkte in ihre empfänglichen Herzen das Feuer der Begeisterung für jüdische Ideale, weckte in ihren Seelen das Verständnis für die hohen sittlichen Forderungen des Judentums und trug so dazu bei, daß unsere jungen Menschen heute in den*

*schweren Tagen des Kampfes um die Selbstbehauptung nicht er-*
*liegen, daß sie sich der glorreichen Geschichte, dessen hoffnungsvolle*
*Reiser sie sind, bewusst bleiben (...)*

Zu Rosch Haschanah, dem jüdischen Neujahrsfest 1934, veröffentlichte Caro einen Artikel im Gemeindeblatt für die jüdischen Gemeinden im Rheinland und in Westfalen. Darin be-
dauerte er, dass der »Rückkehr zum Judentum«, der »Festigung
des jüdischen Gemeinschaftsbewusstseins« noch Intensität und
Stetigkeit fehlten. Auch plädierte er für eine vertiefte jüdische
Bildung; der jüdische Religionsunterricht an den Schulen
müsse ausgeweitet, der Schabbat zu »einem Tag der Beschäf-
tigung mit der jüdischen Lehre« werden. Ebenso sei der Erwerb
hebräischer Sprachkenntnisse unerlässlich. Auffallend ist in
diesem Artikel der jüdische Selbstbehauptungswille.

Der Pogrom in der Nacht vom 9. auf den 10. November 1938
markierte auch für viele Kölner Juden einen Wendepunkt. Nun
gab es – und das hatte wohl auch das Ehepaar Caro begriffen –
keinen Grund mehr, auf die immer wieder beschworenen
»besseren Zeiten« zu hoffen. Die viel zitierte deutsch-jüdische
Weggemeinschaft war unwiderruflich zu Ende. 1938 war der
Gemeinderabbiner Dr. Ludwig Rosenthal gestorben, und Isidor
Caro übernahm auch dieses Amt. Mehrere Chancen zur Auswanderung nahmen Isidor und Clara Caro nicht wahr: Sie
ließen eine Erlaubnis zur Einreise nach Großbritannien ebenso
wie ein Visum für Kuba verfallen, damit Caro bei seiner bedrängten Kölner Gemeinde bleiben konnte.

Pflichterfüllung bis zuletzt – das war wohl seine ganz persönliche Form des Widerstandes. Ihre geräumige Wohnung am
Ehrenfeldgürtel hatten die Caros schon vor 1941 verlassen
müssen. In einem Hinterhaus der Synagoge Roonstraße 50, in
der ehemaligen Wohnung des verstorbenen Rabbiners Rosenthal, wurden sie mit 13 anderen Personen zusammengepfercht.
Clara Caro wurde in der Opekta-Fabrik in Köln-Nippes zur

Zwangsarbeit abkommandiert. Nach dem Krieg schrieb sie, die Verfolgung und Lager überlebte, ihre Erinnerungen unter dem Titel »Stärker als das Schwert« auf. Über die Zeit kurz vor der Deportation notierte sie:

*Man hatte uns noch der letzten harmlosen kleinen Freunde beraubt. Alle Haustiere, Hunde, Katzen, Vögel mußten abgegeben werden. Für viele waren diese Tiere, die ja nichts von der Bosheit der Menschen wissen konnten, ein letzter Trost gewesen (...)*

Im Juni 1942 wurde der erste Transport jüdischer Kölner nach Theresienstadt aufgerufen. Die Caros hatten sich freiwillig zur Begleitung des ersten »Judentransports« zur Verfügung gestellt. Wie alle anderen auch, hatten sie drei Stunden Zeit, die erlaubten 50 Pfund Gepäck in Koffern zu verstauen. Am 15. Juni ging der Transport ab. Clara Caro schrieb:

*Uns war es lieber, mit dem ersten Transport der ersten Tausend unserer Gemeinde mitzugehen und ihr Los zu teilen, als ohnmächtige Zeugen des moralischen Verfalls zu sein (...)*

Nachdem man ihnen noch die letzten Habseligkeiten – Uhren und Füllfederhalter – abgenommen hatte, wurden die Caros mit den anderen in die wartenden Viehwaggons gestoßen. Drei Tage und drei Nächte dauerte die Fahrt ins Lager Theresienstadt, das der »Führer« den tschechischen Juden zum Aufbau eines bevorzugten »Ghettos« »geschenkt« hatte.

Ihre ersten Eindrücke in Theresienstadt schilderte Clara Caro folgendermaßen:

*Gleich nach der Ankunft des Transportes wurden die Menschen zunächst sechs Wochen auf dem Heuboden der Hannover-Kaserne gefangengehalten, wo mehrere auch starben. Schließlich wurden Männer und Frauen getrennt in sogenannten Wohnhäusern unter-*

*gebracht. In ganz kleinen Räumen mussten bis zu fünfzig Personen auf nackter Erde hausen.*

*Es konnten Gottesdienste abgehalten werden, und, so primitiv diese in den ehemaligen Pferdeställen oder in den als Schlaf- und Wohnräume dienenden Stätten auch waren – die Nazis ahnten nicht, welche Quelle des Trostes und der Erhebung diese Andachten für unsere armen Gequälten bedeuteten. Von den wenigen deutschen Rabbinern dort hatte jeder einen eigenen Gottesdienst. Aber das Hauptamt des Rabbiners war die traurige Pflicht, seine Gemeindemitglieder zu Grabe zu tragen. Es war schaurig, wie der Tod in diesem ersten Jahre durch Hunger und Infektionen unter unseren Kölnern wütete (...) Die Aufgabe des Rabbiners, den Zurückgebliebenen Trost und Halt zu geben, wurde immer schwieriger (...)*

Mut, innere Stärke und Aufopferungsbereitschaft – das waren die Eigenschaften, die Rabbiner Isidor Caro auszeichneten – bis zuletzt.

Im Sommer 1943, am 28. August, ist er in Theresienstadt verhungert.

Über das Begräbnis ihres Mannes hat Clara Caro später geschrieben:

*Der Ältestenrat hatte ihm ein Einzelbegräbnis gewährt, mit dem nach meinem Wissen sonst nur noch Heinrich Stahl, der letzte Vorsitzende der Berliner Gemeinde, geehrt worden war. Ein Tscheche hatte eine Urne gezimmert und verziert, die dann das gleiche Schicksal hatte wie alle anderen Urnen: Um die Spur der ungeheuren Zahl der Toten zu verwischen, wurden auf Befehl der Nazis im Oktober 1944 alle Urnen in die Elbe geworfen (...)*

Dr. Isidor Caro gehört zur Gruppe der Kölner Rabbiner, deren Andenken in der Synagogengemeinde bis heute lebendig geblieben ist. An ihn erinnert auch eine 1954 enthüllte Gedenktafel auf dem Jüdischen Friedhof in Bocklemünd.

Carl Frankenstein

# Stolperstein vor dem Haus Häuschensweg 18

## Der tödliche Verrat

### CARL FRANKENSTEIN
### (1891–1941)

Die Zeitung, eine »Sondernummer«, hat nur vier Seiten. Auf der ersten heißt es warnend:

*Diese Ausgabe ist einzig! Wer sie zu hinterlistigen Zwecken, z. B. zum Einpacken von Kuchen und anderen Leckerbissen benutzt, trägt die Folgen (...)*

Worin diese »Folgen« bestehen, wird zwar nicht mitgeteilt, das Geheimnis um dieses publikumsträchtige »Extrablatt« aber dennoch bald gelüftet:

*Mit dem heutigen Tage ist eine Liebesgeschichte zu einem happy end gekommen, wie sie nicht schöner im Kino dargestellt werden könnte.*

*Schon der Held des Stückes, unser lieber Carl, entspricht allen wesentlichen Zügen, die man an einen solchen zu stellen pflegt.*

*Von stattlicher Größe, jung, schön, von lebhaftem Temperament und edelmütigem Charakter ist er eine Idealfigur. Nicht minder*

*seine Braut, die schöne Ilse. Man fragt sich, ob sie nicht mit den Ni-*
*xen verwandt oder verschwägert ist, die sich im sagenreichen Harz-*
*gebirge an den Ufern des lieblichen Ilseflusses befinden sollen ...?*
*Fügen wir noch hinzu, daß unser lieber Carl ein großer Jäger ist,*
*der durch die Ausübung dieses Sports Erholung und neue Kräfte für*
*seine Mühen und Arbeit in der Leitung seiner ausgedehnten Schuh-*
*fabrik sucht (...)*
*Und so dürfen wir wohl das junge Paar beruhigt in seine neue*
*schöne Villa einziehen lassen. Er als Prinz, sie als Prinzessin. Auf*
*der Terrasse der Villa kann Carl, seine Ilse im Arm, sagen:* »*Mein*
*Liebchen, was willst du noch mehr?*« *Sie aber wird antworten:*
»*Nie sollst du mich befragen. Ein Kuss wird es dir sagen ...*«

Und dann zollt die Hochzeitszeitung natürlich noch der
Schönheit und Anmut der Braut einen ganz besonderen – mu-
sikalischen – Tribut. Nach der Melodie von »Horch, was
kommt von draußen rein« werden die Gäste aufgefordert, zu
singen:

*Liebenswürdig und charmant, hollahi, hollaho,*
*Ist die Ilse allseits bekannt, hollahihaho!*
*Sie ist beliebt bei jedermann,*
*Wenn sie auch hat die* »*breeches*« *an ...*

Mag sein, dass diese letzte Bemerkung ein versteckter Hinweis
darauf war, dass die Braut ein überdurchschnittliches Quan-
tum an Selbstbewusstsein und Durchsetzungsvermögen mit in
die Ehe brachte; mag sein, dass diese Eigenschaften bei einigen
der engeren Freunde und Familienmitglieder des Bräutigams
durchaus für hochgezogene Augenbrauen gesorgt hatten.
Die Tatsache jedenfalls, dass die nichtjüdische Braut die
»breeches«, engl. »Reithosen«, also »die Hosen anhatte«, trug
ihr anscheinend in der Frankensteinschen Sippe nicht gerade
überwältigend viel Sympathie ein. Vielleicht war das auch der

Carl Frankenstein und Ilse Frankenstein geb. Mosig

Grund dafür, dass einige der Verwandten des Bräutigams der
Feier demonstrativ ferngeblieben waren. Diesen Sachverhalt
kommentierte die Hochzeitszeitung mit einer Mischung aus
Bedauern und Scherzhaftigkeit so:

*Ein Hoch der Familie Frankenstein!*
*Dem Vater Meyer, der Mutter Ida*
*Gilt unser Gruß, da sie sonst nie da.*
*Und wo bleiben Dr. Ernst und Fritz?*
*Kommen sie beide? Das wär ein Witz.*
*Die Schwestern Trude, Erna, Martha, Lotte*
*Sie kommen nicht: O Gott, o Gotte (...)*

Es war, trotz dieses Wermutstropfens im Freudenbecher, ganz sicherlich eine schönes, stilvolles und elegantes Fest – diese Hochzeit von Carl Frankenstein und seiner Ilse, die am 17. März 1928 in Köln groß gefeiert wurde. Auch wenn die Hochzeitszeitung taktvoll verschwieg, dass die beiden gewissermaßen heiraten »mussten«, wie das damals hieß, da sich Nachwuchs angekündigt hatte.

Der Ehemann Carl Frankenstein, 37 Jahre alt, erfolgreicher Geschäftsmann und Inhaber einer florierenden Schuhfabrik in Köln, entstammte einer jüdischen Familie. Er war gut aussehend, sportlich und ein begeisterter Hobbyjäger. Im Ersten Weltkrieg hatte er als Unteroffizier gedient. Schon in jungen Jahren hatte er es mit viel Fleiß zu beträchtlichem Wohlstand gebracht. Und um seine 15 Jahre jüngere Braut mag ihn der eine oder andere Hochzeitsgast glühend beneidet haben: Ilse Mosig, in Dresden geboren, evangelisch, ein verwöhntes Mädchen aus gutem Hause – die Eltern besaßen einen Zeitungsverlag in Zeitz –, war eine aparte Schönheit, lebenslustig, mondän und kapriziös. Sie war es gewöhnt, in jeder Gesellschaft strahlender Mittelpunkt zu sein.

Dass diese Frau ihrem Mann zum Verhängnis werden, ihn mit einem einzigen Griff zum Telefonhörer in den Tod schicken würde – das konnte natürlich keiner der Gäste auf dieser fröhlichen Hochzeitsfeier ahnen.

Carl Frankenstein, der von sich selbst immer scherzhaft behauptete, er komme aus »altem jiddischen Adel von Schloss

Frankenstein«, wurde am 13. März 1891 in Northeim im Harz geboren. Der Vater, Meyer Frankenstein, war dort Besitzer einer großen, gut gehenden Metzgerei. Carl hatte noch 13 Geschwister, von denen einige später nach Südafrika emigrierten. Ein Bruder, Dr. Ernst Frankenstein, arbeitete als Arzt in Johannesburg, ein anderer besaß in derselben Stadt ein Kaufhaus, in dem man von der Stecknadel bis zur Luxuslimousine alles kaufen konnte.

Carl Frankenstein absolvierte Ausbildungen im Bankwesen und im Getreidehandel. Irgendwann in den 1920er Jahren verließ er Northeim und ging nach Köln, wo er sich selbstständig machte. Zusammen mit seinem Vetter Paul Frankenstein gründete er die Schuhfabrik P. & C. Frankenstein in der Merheimer Straße in Köln-Nippes, neben dem Vinzenz-Krankenhaus. Der »Verkaufsschlager« der Firma war ein erschwinglicher Luxusschuh, der »Rhenus« – lat. »Rhein« – hieß.

Schuhe scheinen eine familienbedingte Leidenschaft bei den Frankensteins gewesen zu sein. In Burscheid betrieb ein weiteres Familienmitglied, Louis Frankenstein, ein Großonkel von Paul und Carl, eine Schuhfabrik, die Schuhe mit dem Namen »Rheinkreuz« herstellte, die als Markenzeichen ein Kreuz trugen, durch das der Rhein floss.

Bald nach der Hochzeit im März 1928 zogen Carl und Ilse Frankenstein in eine wunderschöne Villa in der Wiethasestraße in Köln-Braunsfeld. Im November desselben Jahres wurde der Sohn geboren und evangelisch getauft. Carl Frankensteins Judentum hatte in der Familie wohl nie eine Rolle gespielt.

Das junge Ehepaar führte ein beschauliches, sorgloses, ja luxuriöses Leben. Man gab Gesellschaften, besuchte Konzerte und Theater, machte Reisen nach Travemünde und nach Monte Carlo. Ein Kindermädchen kümmerte sich um den kleinen Sohn. Carl Frankenstein frönte ausgiebig seinem Hobby, der Jagd. Er scheint ein lebensfroher, geselliger Mann mit viel Sinn für Humor und einer Vorliebe für die Verwirklichung skurriler Ideen

Blumenbeet in Schuhform im Garten des Hauses in der Wiethasestraße, Köln-Braunsfeld

gewesen zu sein. So ließ er, der Schuhfabrikant, etwa im Garten seiner Villa in der Wiethasestraße ein großes prachtvolles Blumenbeet in Form eines Spangenschuhs anlegen. Dieses Spangenschuh-Blumenbeet sorgte offenbar beim Besitzer der Nachbarvilla, einem Metzgermeister, für Missfallen und den einen oder anderen spöttischen Kommentar. Frankenstein focht das nicht an. Der Nachbar könne ja, so sein Rat an den irritierten Metzgermeister, in seinem Garten ein Blumenbeet in Form einer Wurst anlegen.

Kurz nach der Machtübernahme durch die Nationalsozialisten 1933 finanzierte Carl Frankenstein einigen seiner Geschwister die Emigration nach Südafrika. Offensichtlich schätzte er aber, wie so viele andere, zu dem Zeitpunkt seine eigene Situation noch nicht als so gravierend ein, dass er für sich eine ähnliche Entscheidung erwogen hätte.

Die meisten deutschen Juden, unter ihnen wohl auch Carl Frankenstein, waren nicht bereit, auf das Diktat der braunen Machthaber hin ihre deutsche Identität abzustreifen – bis es zu spät war!

Im Herbst 1935 traten die »Nürnberger Gesetze« in Kraft. Nun wurde ein Trennstrich zwischen Deutschen und Juden gezogen, wurden die Rechte des Einzelnen von der »Rasse« abhängig gemacht. Mit diesen Gesetzen waren Diskriminierung, Diffamierung und die spätere Verfolgung rechtlich abgesichert und staatlich sanktioniert. Damals begann man zu ahnen, dass dies das Scheitern der über 100-jährigen Emanzipationsbestrebungen der Juden in Deutschland bedeutete und dass die deutsch-jüdische Weggemeinschaft ihrem Ende entgegenging. Dennoch dauerte es bis zum Novemberpogrom 1938, bis viele deutsche Juden begriffen, dass das Ende der Illusion gekommen war. Es bedurfte erst der Erfahrung der direkten Lebensbedrohung, um ihnen vor Augen zu führen, dass ihre Bindungen an die Heimat, an das deutsche Vaterland nicht mehr zu halten waren.

Carl und Ilse Frankenstein mögen den Ernst der politischen Situation vorerst ebenfalls verkannt oder einfach nicht wahrgenommen haben, waren sie doch mit privaten Problemen beschäftigt. Schon bald nach der Heirat hatten sie sich auseinander gelebt, hatte die Ehe zu kriseln begonnen. Ob der beträchtliche Altersunterschied des Paares dazu beitrug oder was die genauen Gründe für diese Entfremdung waren, weiß auch der Sohn bis heute nicht. Mag sein, dass mit dem Fortschreiten von Entrechtung und Diskriminierung Carl Frankenstein als der jüdische Partner in dieser Ehe das schreckliche Gefühl hatte, zunehmend eine Last, ja, eine Gefahr zu sein; mag sein, dass die Atmosphäre aus Angst, Unsicherheit und sozialer Isolation übergroßen Druck auf die Eheleute ausübte.

Ilse Frankenstein jedenfalls betrog ihren Mann. Sie begann ein Verhältnis mit einem Viehgroßhändler namens Petersen. Als sie von Petersen schwanger wurde, beantragte sie die Auflösung ihrer Ehe mit dem »nichtarischen« Partner. Nach dem Ehegesetz von 1938 konnte sie das tun, wenn es ihr gelang, das Gericht davon zu überzeugen, dass sie durch das Inkrafttreten der »Nürnberger Gesetze« neue Einblicke in die »Judenfrage« gewonnen habe und dass sie, hätte sie diese Einblicke vor der Schließung dieser »Mischehe« gehabt, eine solche Verbindung niemals eingegangen wäre. Ein halbes Jahr nach Auflösung ihrer »völkisch wertlosen Ehe« heiratete Ilse Frankenstein den

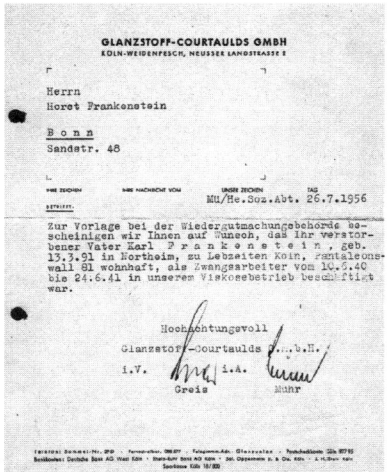

**GLANZSTOFF-COURTAULDS GMBH**
KÖLN-WEIDENPESCH, NEUSSER LANDSTRASSE 2

Herrn
Horst Frankenstein

B o n n
Sandstr. 48

Bescheinigung der Firma Glanzstoff-
Courtaulds über Zwangsarbeit zur
Vorlage bei der »Wiedergutmachungs-
behörde«

Viehhändler Petersen. Für Carl Frankenstein war dieser Schritt eine Katastrophe. Er bedeutete neben dem emotionalen Verlust den Verlust des verbleibenden Schutzes, den die »privilegierte Mischehe« noch gewähren konnte.

Nach der Trennung von seiner Frau geriet Frankenstein auch in finanzielle Schwierigkeiten. Er verkaufte seine Firmenanteile an seinen Vetter und Geschäftspartner Paul und versuchte einen Neuanfang. In der Innenstadt von Köln, in der Richmodisstraße, eröffnete er bald darauf einen Schuhgroßhandel, den er aber kurze Zeit später – wohl im Rahmen der »Arisierung« – wieder aufgeben musste. Im Juni 1940 wurde er bei der Chemiefaserfabrik Glanzstoff-Courtaulds in Köln-Weidenpesch an der Neusser Landstraße zur Zwangsarbeit verpflichtet. Die Zwangsarbeiter mussten ihre Arbeit unter kaum erträglichen Bedingungen verrichten. Zumeist wurden sie in Barackenlagern untergebracht und streng bewacht. Carl Frankenstein wurde in ein Quartier in einem kleinen Haus am Häuschensweg eingewiesen. Durch die Arbeit mit Chemiefasern bekam er Augenprobleme und büßte einen Teil seiner Sehkraft ein.

Zu dieser Zeit ist ihm wohl klar geworden, dass er Deutschland verlassen musste, wenn er sein Leben retten wollte. Entrechtung und Diskriminierung wurden immer drückender. Seit September 1939 herrschte Krieg. Dazu kam seine desolate private Situation: Seine Frau hatte ihn verlassen und sich einem anderen Mann zugewandt, die Kontakte zu dem heiß geliebten Sohn wurden spärlich und blieben bald ganz aus, weil Ilse Frankenstein Begegnungen zwischen ihrem Ex-Mann und dem gemeinsamen Kind gezielt hintertrieb. In Carl Frankenstein reifte der Entschluss zu gehen, obwohl bereits seit Mai 1941 die Auswanderung massiv erschwert und nur noch in Ausnahmefällen möglich war. Im Herbst 1941 beschloss er, die Flucht in die Schweiz zu wagen und seinen zwölfjährigen Sohn, der ja als »Mischling ersten Grades« oder »Halbjude« auch gefährdet war, mitzunehmen. Ob und wie er sich die finanziellen Mittel und die Papiere dazu besorgen konnte, ist nicht bekannt.

Doch bevor er diesen Plan durchführen konnte, kam es zu der Szene, die sein Schicksal besiegeln sollte. Schauplatz war die Wohnung in der Raumerstraße in Köln-Sülz, in der Ilse Frankenstein nach der Trennung von ihrem Mann wohnte. Carl Frankenstein taucht dorte auf, um seinen Sohn für die geplante Flucht in die Schweiz abzuholen. Doch der Junge war gar nicht in der Wohnung. Die Mutter hatte ihn versteckt, weil sie nicht wollte, dass der Vater ihn mitnahm. Nun gab ein Wort das andere, Carl Frankenstein geriet in Panik, verlor die Beherrschung und schrie seine Ex-Frau an; die Situation eskalierte. Als Streit und Geschrei auf beiden Seiten ihren Höhepunkt erreichten, stürzte Ilse Frankenstein aus dem Zimmer, warf die Tür hinter sich zu und schloss sie ab.

Carl Frankenstein saß in der Falle. Draußen im Flur griff Ilse Petersen zum Telefon und – rief die Gestapo an, die nur Minuten später eintraf und Carl Frankenstein sofort mitnahm. Er wurde in die Messehallen nach Köln-Deutz gebracht, von wo aus die jüdischen Kölner in die Konzentrationslager geschickt wurden. Mit dem nächsten Transport, der am 22. Oktober 1941 ins Ghetto Litzmannstadt (Lodz) ging, wurde er zusammen mit rund 2000 weiteren jüdischen Kölnern deportiert.

Was Carl Frankenstein bei seiner Ankunft dort erlebt haben könnte, ist einem »Erfahrungsbericht« zu entnehmen, den ein

»Hauptmann der Schutzpolizei und stellvertretender Abschnittskommandeur« über die »Einweisung von 20 000 Juden und 5000 Zigeunern in das Ghetto Litzmannstadt« verfasste:

*Die Juden waren fast ausnahmslos gut gekleidet; sie führten durchschnittlich pro Person 50 kg Gepäck mit sich. Über die berufliche Zusammensetzung der Juden ist dem Abschnittskommando nichts bekannt. Die Einweisungspapiere, das mitgeführte Geld (pro Person 100 RM) wurden durch den Transportführer den Beamten der Geheimen Staatspolizei Litzmannstadt übergeben. (Kommissar Fuchs.)*

*Das Ausladen geschah in der Weise, dass jeweils die Juden aus 6 Eisenbahnwaggons zu einem Trupp zusammengestellt und von zwei Schutzpolizeibeamten bis zum Ghettotor begleitet wurden (...)*

Die Zustände im Ghetto waren katastrophal. Vor allem kam es zu Schwierigkeiten zwischen den dort schon länger eingesperrten Polen und den neu hinzugekommenen »Westlern«, die zu einer Zeit eintrafen, als die Ghetto-Bewohner bereits schreckliche Leiden hinter sich hatten. Da die »Neuen« mit gut gefüllten Koffern eintrafen, galten sie in den Augen der bereits völlig verarmten und halb verhungerten Ghettobevölkerung als durchaus wohlhabend – auch wenn man sie in der Heimat ihres gesamten Besitzes beraubt hatte.

Der Winter 1941/42 war ungewöhnlich hart. Aus Lodz schrieb Carl Frankenstein noch eine Karte an seinen besten Freund. Es tue ihm leid, heißt es da, dass er seinen Wintermantel verkauft habe – in den er übrigens ein Foto seines Sohnes eingenäht hatte – denn es sei sehr kalt. Ein Paar warme Strümpfe könne er gut gebrauchen.

Es war seine letzte Nachricht. Carl Frankenstein ist in Lodz umgekommen. Die genauen Umstände seines Todes sind nicht bekannt. Als Todesdatum ist der 20. Dezember 1941 angegeben.

Wie Ilse Petersen-Frankenstein, die sich bald auch von dem Viehhändler Petersen wieder trennte und ein drittes Mal heiratete, mit ihrer Tat bis zu ihrem eigenen Tod 1986 lebte, ist schwer zu sagen. Gewissensbisse scheinen sie nicht geplagt zu haben. Im Familienkreis hat sie den Vorfall offenbar nie mehr erwähnt. Den Sohn, der den Namen seines Stiefvaters »Petersen« annehmen musste, schickte sie in ein Internat nach Kronberg im Taunus, wo es offenbar gelang, die Tatsache, dass er »Halbjude« war, geheim zu halten.

Denunziation wird oft als »typisch weibliches Delikt« beschrieben. Vielleicht weil es sich dabei – und das ist das besonders Tückische – um einen leisen, einen »sauberen« Verrat handelt. An den Händen der Denunziantin klebt kein Blut. Das Blut fließt ganz woanders. Der »Fall Frankenstein« ist dennoch alles andere als alltäglich. Dass eine Frau ihren Ex-Ehemann, den Vater ihres Kindes der Gestapo auslieferte – das war auch im Dritten Reich ungewöhnlich.

Ilse Frankenstein lebte in einem System, das zu Denunziation aufforderte, das es zuließ, private und familiäre Konflikte mit Hilfe der Staatsgewalt zu lösen. Sie bediente sich der Macht und der Mittel des Staates, um ihre privaten Ziele zu erreichen. Dass es sich dabei nicht um Macht und Mittel eines Rechtsstaates handelte, wird ihr – so darf man annehmen – bewusst gewesen sein.

Carl Frankensteins Fall gehört vielleicht zu den besonders tragischen, weil er nicht von Feinden oder Widersachern, auch nicht von dem Rassenwahn verfallenen Ideologen dem sicheren Tod preisgegeben wurde, sondern von der Frau, die er liebte.

Stolperstein vor dem Haus Nikolaus-Groß-Straße 6

»Wohin gehst du, Vater?«

## NIKOLAUS GROSS
### (1898–1945)

Der Redakteur kam aus dem Staunen nicht heraus. Auf seinem Schreibtisch lagen die biografischen Daten des neu gewählten Mitglieds im Preußischen Abgeordnetenhaus. Es war tatsächlich ein verblüffender Lebenslauf, den er da kommentieren wollte: Der Mann, um den es ging, war 39 Jahre alt, hatte als Fahnenjunker beim Ersten Oberelsässischen Infanterieregiment am Weltkrieg teilgenommen und war in russische Gefangenschaft geraten. Dort hatte er sich intensiv mit dem Marxismus auseinander gesetzt, sich nach Ausbruch der Oktoberrevolution 1917 den Bolschewisten angeschlossen und es sogar zum »Lagerkommissar« gebracht. Wieder zurück in Deutschland, hatte er ein Jurastudium absolviert, war Rechtsanwalt in Kassel, Stadtverordneter und Mitglied des Hessisch-Nassauischen Landtages für den Völkisch-Sozialen-Block geworden. 1925 war er in die NSDAP eingetreten und hatte sich bei der Verteidigung straffällig gewordener Nationalsozialisten offenbar so hervorgetan, dass ein weiterer Sprung auf der Karriereleiter folgte: Er wurde stellvertretender Gauleiter der NSDAP in Hessen-Nassau.

Der Journalist konnte nicht umhin, seiner Verwunderung über so viel politische Geschmeidigkeit und Anpassungsfähigkeit Ausdruck zu verleihen. Und so setzte er sich hin und schrieb im Sommer 1932 zynisch-amüsiert seinen Artikel in der Westdeutschen Arbeiterzeitung über den neuen Mann der NSDAP im Preußischen Abgeordnetenhaus. Darin hieß es:

> *(...) er berechtigt zu den schönsten Hoffnungen: Marxist, Kommunist, Novemberling, Mitglied der deutschen Freiheitsbewegung, Anti-Marxist, Nazi. Was mag sonst wohl noch alles aus ihm werden (...)?*

Zwölf Jahre später musste er sich diese Frage nicht mehr stellen. Da standen sich die beiden Männer Auge in Auge gegenüber und maßen sich mit Blicken. Sie waren sich noch nie zuvor begegnet und wussten dennoch, was sie voneinander zu halten hatten. Der eine in scharlachroter Robe und schwarzem Barett, einmal vor seinem Richtertisch sitzend, einmal aufspringend, das Gesicht zorngerötet, die Augen hasserfüllt, stieß ein so unflätiges Gebrüll aus, dass sich die Stimme immer wieder überschlug. Umso ruhiger schien sein Gegenüber: Im schlichten dunklen Anzug, von behelmten Polizisten flankiert, stand er aufrecht hinter seinem Stuhl, den Blick unverwandt nach vorn gerichtet. Nur seine Hände hielten die Stuhllehne fest umklammert.

So stand im Januar des Jahres 1945 der angeklagte Kölner Journalist und Arbeiterführer Nikolaus Groß vor dem berüchtigtsten Juristen dieser Zeit: dem Vorsitzenden des Volksgerichtshofes in Berlin, Roland Freisler. Immer mehr redete sich Freisler, der für sein rabiates Gekeife gefürchtet war, in Rage. Schließlich, gegen Ende der Verhandlung, schleuderte er, wiederum brüllend, seine protokollierte Schlussbemerkung zur

Nikolaus Groß vor dem Volksgerichtshof

Person des Angeklagten ins Publikum: »Er schwamm mit im Verrat und muss folglich auch darin ertrinken (...)«

Der »Verrat« des Angeklagten Nikolaus Groß bestand aus einer unbeugsamen Opposition gegen den Nationalsozialismus, einem unerschütterlichen Glauben an Gott und einem unerschrockenen Eintreten für das, was er für wahr und richtig hielt. Er bestand aber auch aus politischem Handeln, getreu seiner Maxime: »Wenn wir heute nicht unser Leben einsetzen, wie sollen wir dann vor Gott und unserem Volk bestehen?« Diese Worte hatte Groß kurz vor dem geplanten Attentat auf Hitler am 20. Juli 1944 gesprochen, als Vertraute und Mitstreiter Vorbehalte gegen den – moraltheologisch umstrittenen – Tyrannenmord geäußert hatten. Die Anklageschrift warf ihm denn auch »Mitwisserschaft am Goerdeler-Verrat« und »Beteiligung an Besprechungen innerhalb von Widerstandskreisen« vor.

Als Groß vor seinem Widersacher in der roten Robe stand, hatte er bereits eine mehrmonatige Leidenszeit hinter sich: Zunächst war er nach Fürstenberg-Drögen, einer Außenstelle des KZs Ravensbrück, gebracht und dort misshandelt und gefoltert worden. Anschließend, bis zur Prozesseröffnung, war er im Gefängnis Berlin-Tegel inhaftiert. Nikolaus Groß war am 12. August 1944 in seiner Kölner Wohnung von zwei Gestapobeamten vor den Augen dreier seiner Kinder festgenommen und »abgeholt« worden. Seine Frau war nicht zu Hause; von den Kindern konnte er sich nur noch hastig verabschieden. Auf die angstvoll-verstörte Frage des jüngsten, vierjährigen Töchterchens Leni »Wohin gehst du, Vater?« antwortete er: »Auf Wiedersehen, ich weiß noch nicht, wann ich wiederkomme.«

Da wird er vielleicht schon gewusst haben, dass er nie wiederkommen würde. Möglicherweise erinnerte er sich in diesem Augenblick an ein Gespräch, das er nur zwei Jahre zuvor mit seinem Freund Bernhard Letterhaus geführt hatte, in dem es um die Gefahren des Widerstands ging. Im April 1942 hatte Groß dazu notiert: »Letterhaus sagte: ›Elf Sekunden dauert es, Nikel. Elf Sekunden, dann hat der Scharfrichter seinen Befehl ausgeführt. Das ist die eine Seite.‹«

Und Groß hatte geantwortet: »Genau. Und nicht die wesentliche. Die andere wiegt schwerer (...)«

Diese »andere Seite« – das war der Einsatz gegen den Nationalsozialismus und das Eintreten für die Sache des Glaubens.

Und diese Seite war für das Leben von Nikolaus Groß immer die, die schwerer wog. Er war ein Mensch, der seinem Gewissen folgte, der nicht ignorieren konnte, was sich an Menschenverachtung, Hass und Verbrechen vor seinen Augen abspielte, und der schon früh erkannt hatte, dass die nationalsozialistische Ideologie mit dem christlichen Glauben unvereinbar war. Dieses Empfinden dafür, was richtig und was falsch war, war ihm wohl in die Wiege gelegt worden.

Nikolaus Groß kam am 30. September 1898 als Sohn eines Zechenschmieds in Niederwenigern bei Essen zur Welt. Er war das Kind einer typischen Arbeiterfamilie des Ruhrgebiets der Jahrhundertwende. Nach der achtklassigen Volksschule begann der junge Nikolaus – Nikel gerufen – als Kohlenhauer im Bergbau und lernte das harte Leben unter Tage kennen. Dort machte er Erfahrungen, die ihn bewogen, sich für bessere Lebensbedingungen der Arbeiter einzusetzen. Um sich weiterzubilden, nutzte er seine knappe Freizeit und besuchte Kurse des Volksvereins für das katholische Deutschland und Abendkurse der Christlichen Bergarbeitergewerkschaft. 1918 schloss er sich der Zentrumspartei und ein Jahr später dem katholischen Antonius-Knappen- und Arbeiterverein an. Auf diese Weise hatte er eine feste Verankerung in der katholischen Arbeiterbewegung gefunden. Sein Ziel war nach eigenem Bekunden, »einen neuen Typus von Arbeiter zu schaffen, fähig, eine neue Gesellschaft zu tragen«.

Um dieses Ziel auch bei sich selbst zu erreichen, arbeitete er sich mit Fleiß und Zähigkeit nach oben. 1927 wurde er Redakteur bei der Westdeutschen Arbeiterzeitung, dem publizistischen Organ der Katholischen Arbeiterbewegung (KAB) in Mönchengladbach – mit einer Auflage von 170 000 ein recht starkes Blatt. Als die Verbandszentrale nach Köln verlegt wurde, übersiedelte auch Groß, der 1923 seine Frau Elisabeth geheiratet hatte, in die Domstadt. Dort bezog die schnell größer werdende Familie ein Haus in der Reiterstraße 6 – heute

Nikolaus Groß und Elisabeth Koch bei ihrer Verlobung

Nikolaus-Groß-Straße –, das an der Rückseite des Kettelerd-Hauses, der Verbandszentrale der KAB, lag.

Wenn Alexander Groß, der 1931 als fünftes von sieben Kindern des Ehepaares Nikolaus und Elisabeth Groß geboren wurde, sich heute an seine Kinderzeit in diesem Haus erinnert, sagt er spontan, er sei in einer armen, aber glücklichen Familie aufgewachsen. Immerhin mussten bald neun Menschen von dem nicht gerade üppigen Gehalt leben, das der Vater als Redakteur –»Schriftleiter« hieß das damals – bei der KAB verdiente. Dass es da knapp zuging, akzeptierten die Kinder jedoch ohne Klagen. Eine Ferienreise etwa konnte sich die vielköpfige Familie natürlich nicht leisten. Dennoch ging es einmal im Jahr auf den traditionellen großen Familienausflug: In von der KAB geliehenen Autos brach man zu der so genannten Fahrt ins Blaue auf. Das Ziel – etwa die Müngstener Brücke, Schloss Burg an der Wupper, der Altenberger Dom oder die Baumblüte in Leichlingen – war zuvor wie ein Staatsgeheimnis gehütet worden.

Nikolaus Groß war ein liebevoller Vater, gleichzeitig aber auch eine etwas distanzierte Respektsperson, eine Tatsache, die die sieben Sprösslinge offenbar mit kindlicher Nachsicht akzeptierten. So hatten sie sich angewöhnt, zum Gutenachtsagen alle zusammen, sozusagen »in geschlossener Formation, anzutreten«, damit der Vater in seinem Arbeitszimmer nicht siebenmal hintereinander gestört werden musste. Dankbar erinnert sich Alexander Groß an die Atmosphäre von Warmherzigkeit und Harmonie in der Familie, an die Advents- und Weihnachtszeit, an gemeinsames Singen und Vorlesen und an abgeschlossene Türen, wenn der Vater in seinem Arbeitszimmer Weihnachtsgeschenke bastelte und die Kinder ihn klopfen und hämmern hörten. Es war, so sagt Alexander Groß, eine bodenständige katholische Erziehung, in der die Hochfeste der Kirche und die Namenstage der Kinder eine große Rolle spielten. Tiefe Religiosität und fröhliche Frömmigkeit waren mit einem Schuss rheinischer Liberalität gepaart. Bücherverbote etwa, wie sie damals durchaus üblich waren, habe es, so Alexander Groß, nicht gegeben. Auch kirchenkritische Schriften seien in der Familie gelesen und diskutiert worden.

Der kleine Alexander wurde im Domchor angemeldet, und das nicht nur, weil er eine auffallend schöne Singstimme hatte, sondern weil – das war für Vater und Mutter ausschlaggebend – die Jungen des Domchores wegen häufiger Proben von der Mitgliedschaft in der Hitlerjugend (HJ) befreit waren. Diese Verweigerungshaltung war für den Kleinen wohl eines der frühesten Indizien politischer Opposition im Elternhaus. Später mehrten sich die Zeichen, dass »irgendetwas nicht stimmte«. Manchmal tauchten mehrere Herren auf, die mit dem Vater in seinem Arbeitszimmer verschwanden. Mutter und die Kinder blieben bedrückt in der Küche zurück. Die Herren waren von der Gestapo.

Für Nikolaus Groß hatte sich die Opposition gegen den Nationalsozialismus bereits vor Hitlers Machtergreifung verfestigt. So schrieb er schon 1932 in einem WAZ-Artikel mit dem Titel »Weg ins Dunkel«:

> *Hitler will Blankovollmacht, er will sich durch keine Rücksicht auf die Verfassung behindern lassen und will auch nicht gezwungen sein, bei Neuwahlen für seine Politik zur Rechenschaft gezogen zu werden. Mit anderen Worten: Hitler verlangt die Diktatur für sich.*

Und nach dem 30. Januar 1933 notierte er bündig: »Der Nationalsozialismus steht zu fundamentalen Wahrheiten des Christentums in schroffem Gegensatz.«

Doch aus dieser Erkenntnis zog er andere Schlussfolgerungen als die Mächtigen der Kirche. Sie hielten die Gläubigen in Hirtenbriefen und Kanzelappellen zum Respekt vor der »rechtmäßigen Staatsführung« an. So heißt es in einem Hirtenwort vom 28. März 1933:

> *Für die katholischen Christen, denen die Stimme ihrer Kirche heilig ist, bedarf es auch zum gegenwärtigen Zeitpunkt keiner besonderen Mahnung zur Treue gegenüber der rechtmäßigen Obrigkeit und zur gewissenhaften Erfüllung der staatsbürgerlichen Pflichten unter grundsätzlicher Ablehnung umstürzlerischen Verhaltens.*

Die Botschaft war deutlich. Doch während die katholischen Würdenträger für den »Führer und Reichskanzler« Gottes Segen erflehten, entschloss sich der Gewerkschafter Groß aus dem katholischen Arbeitermilieu zum Widerstand. Warum, das hat er einmal so erläutert:

*Wenn von uns etwas verlangt wird, was gegen Gott oder gegen den Glauben geht, dann dürfen wir nicht nur, sondern dann müssen wir den Gehorsam ablehnen (...)*

Völlig illusionslos sah er, dass die Versuche der Gläubigen, sich mit dem NS-Regime zu »arrangieren« – etwa im Reichskonkordat von 1933 –, nichts halfen. Und wie wenig tragfähig etwa der 1. Konkordatsartikel über »Die Freiheit des Bekenntnisses« war – das musste gerade Nikolaus Groß erfahren.

Die neuen Machthaber begriffen schnell, dass ihnen von der WAZ und ihrem querköpfigen Redakteur Gefahr drohte. Sie reagierten prompt: Als das Blatt nach dem Reichstagsbrand auf eine mögliche Beteiligung der Nationalsozialisten anspielte, wurde sofort ein dreiwöchiges Erscheinungsverbot verhängt. Danach versteckte Groß seine Warnungen geschickt »zwischen den Zeilen«. Auf die antisemitischen Ausfälle der neuen Herren etwa reagierte er mit dem – unkommentierten – Abdruck der hohen Zahl der im Ersten Weltkrieg gefallenen jüdischen Frontsoldaten. Eine Weile gingen diese Ausweichmanöver gut. Doch Groß war erfahren genug, um zu wissen, dass er nur auf Zeit spielte. Tatsächlich verboten die Nationalsozialisten die Zeitung 1938 endgültig.

Groß schloss sich der katholischen Widerstandsgruppe »Kölner Kreis« an. Das war ein geheimer Gesprächszirkel, der sich mit der gesellschaftlichen Neuordnung nach dem Ende der Hitlerdiktatur beschäftigte. Mitglieder dieses Kreises – unter ihnen Otto Müller und Groß' Freund Bernhard Letterhaus – hatten Kontakte zum Berliner Widerstandskreis um Carl Friedrich Goerdeler, dem ehemaligen Oberbürgermeister von Leipzig. Goerdeler befürwortete nicht nur den Tod Hitlers, sondern schmiedete dafür konkrete Pläne. Der Kölner Kreis wollte im Falle eines Umsturzes eine neue Reichsführung mit maßgeblichen Köpfen aus dem Umfeld des rheinischen Katholizismus unterstützen. In diesen Widerstandszirkeln wurde Nikolaus Groß aktiv: Er beteiligte sich an der Vernetzung diverser Untergrundgruppen, übernahm Kurierdienste, knüpfte Verbindungen zu dem »Kreisauer Kreis« um die Hitler-Gegner der Wehrmacht – Graf Moltke, Oberst Graf v. Stauffenberg und General Ludwig Beck. An den Attentatsplänen des 20. Juli war Groß nicht direkt beteiligt; er entwickelte aber Ideen zum Wiederaufbau nach einem Sturz des NS-Regimes.

Am 20. Juli 1944 hörte er im Rundfunk die Meldung vom gescheiterten Attentat auf Hitler. Groß, daran erinnerte sich seine Ehefrau Elisabeth später, wurde aschfahl und sagte: »Jetzt ist alles verloren. Jetzt kommt keiner mehr an ihn heran ...« Drei Wochen später erfuhr er, dass sein Freund Bernhard Letterhaus, der ebenfalls zur Führung des KAB gehörte, verhaftet worden war. Groß wollte Letterhaus' völlig ahnungslose Ehefrau von der Festnahme informieren, ihr Mut und Trost zusprechen. Doch diese Reise zu Letterhaus' Frau in den Hunsrück am 11. August 1944 wurde ihm zum Verhängnis, da ihn die Gestapo wahrscheinlich bereits beschattete. Am darauf folgenden Tag jedenfalls wurde er in seiner Kölner Wohnung verhaftet.

Über das Verhalten der Kirchenoberen während dieser Haftzeit ist Alexander Groß bis heute empört und verbittert. Er schrieb einmal:

*In den fünf Monaten seiner Haft gab es nicht ein einziges Zeichen von einem Bischof oder Generalvikar, das meinen Vater in seiner Zelle erreicht hätte, obwohl ein Segensgruß oder ein kleines Zeichen persönlicher Anteilnahme kein Staatsverbrechen für einen Bischof bedeutet hätte (...)*

Doch damit nicht genug. Ebenfalls von der Kirchenleitung allein gelassen wurde die Ehefrau. Nach dem Todesurteil für ihren Mann machte sich Elisabeth Groß, eine einfache, aber resolute Frau, sogar auf den Weg nach Berlin, um in ihrer Verzweiflung beim Nuntius Monsignore Cesare Orsenigo vorstellig zu werden. Sie wurde nicht einmal empfangen. Ob der diplomatische Vertreter Pius' XII. wirklich verreist war oder sich verleugnen ließ, ist nie geklärt worden. Sein Sekretär jedenfalls weigerte sich, ein Bittschreiben von Elisabeth Groß in Empfang zu nehmen, und erklärte der unglücklichen Frau kühl, »für die Leute vom 20. Juli« könne der Nuntius »nichts tun«.

Am 15. Januar 1945 steht Nikolaus Groß zum letzten Mal vor Roland Freisler. Wegen Hoch- und Landesverrats wird der Angeklagte zum Tode verurteilt. Sechs Tage später schreibt er seinen letzten Brief an Frau und Kinder. Darin heißt es:

*Es ist St. Agnestag, an dem ich diesen Brief schreibe, der, wenn er in Eure Hände kommt, Euch künden wird, daß der Herr mich gerufen hat.*

*Vor mir stehen Eure Bilder und ich schaue jedem von Euch lange in das vertraute Angesicht. Wie viel hatte ich noch für Euch tun wollen – der Herr hat es anders gefügt (...) Fürchtet nicht, daß angesichts des Todes großer Sturm und Unruhe in mir sei (...)*

Am 23. Januar 1945 wird Nikolaus Groß im Gefängnis Plötzensee gehängt, seine Leiche verbrannt, die Asche irgendwo verstreut. Die Hinrichtung wird zunächst geheim gehalten. Auch Elisabeth Groß erfährt nichts vom Schicksal ihres Mannes.

Am 30. Januar 1945 beschließt der legendäre Kölner Erzbischof Frings endlich – nach Drängen von verschiedenen Seiten –, sich beim Reichsminister der Justiz für den Verurteilten einzusetzen. Er tut das mit einem äußerst dürren Schreiben. Da ist Nikolaus Groß bereits seit sieben Tagen tot.

Totenzettel für Nikolaus Groß

**Seliger Nikolaus Groß, bitte für uns.**

Nachdem sich in Köln die Nachricht von Groß' Tod verbreitet hat, lädt der Priester Hans Valks – verbotswidrig – zu einer Totenmesse in die Pfarrkirche St. Agnes ein: »(...) für Nikolaus Groß, dem am 23. Januar von roher Gewalt das Leben entrissen wurde.«

Und in der Kölner Druckerei Hermann Luthe wird – ebenfalls verbotswidrig – ein schlichter Totenzettel für den Verstorbenen gedruckt:

*Zur frommen Erinnerung an den Schriftleiter Nikolaus Groß, der am 23. Januar 1945 im Alter von 46 Jahren sein Leben in die Hand seines Schöpfers zurückgab.*

Der Sohn des mutigen Druckereibesitzers von damals wurde Weihbischof von Köln und war bis zu seiner Entpflichtung Bischof von Essen.

Am 7. Oktober 2001 sprach Papst Johannes Paul II. Nikolaus Groß selig.

## Irdischer Streit um einen Seligen
### Kritische Fragen an die Rolle der Kirche im Dritten Reich

Ursprünglich hatte Nikolaus Groß' Sohn Alexander beabsichtigt, der Seligsprechung seines Vaters am 7. Oktober 2001 in Rom fernzubleiben. Dieser Akt sei, so hatte er verärgert argumentiert, ein Versuch, seinen Vater zu vereinnahmen und »die Kirchengeschichte der NS-Zeit zu begradigen«. Von einem kirchlichen Widerstand, wie er heute gern beschworen werde, könne keine Rede sein. Das Vorbildliche dieser Widerstandskämpfer sieht Alexander Groß gerade darin, dass sie sich über die kirchenoffiziell verordnete Achtung des Regimes hinwegsetzten. Der Widerstand habe ohne den Segen der Kirchenleitung stattgefunden. Geist und Praxis des christlichen Widerstands, so Alexander Groß in seinem Buch »Gehorsame Kirche – ungehorsame Christen im Nationalsozialismus«, habe diese Kirche nie begriffen. Und sein Vater sei nicht nur wegen seines Glaubens gestorben, sondern vor allem wegen seiner politischen Überzeugung.

Diese Haltung des Sohnes, die noch einmal in aller Schärfe die Frage nach Schuld und Versagen der Kirche aufwarf, sorgte in der deutschen Kirche für Irritationen und im Vatikan für Aufhorchen.

Alexander Groß fuhr dann doch nach Rom zur Seligsprechung. Später schrieb er:

*Auch wenn ich jahrelang diesen Prozeß kritisch begleitet habe, bin ich doch über die Seligsprechungsfeier angenehm überrascht gewesen. Sowohl das politische Engagement meines Vaters als auch seine Widerstandstätigkeit wurden auf dem Petersplatz deutlich hervorgehoben (...)*

*Das war sicher ein Schritt in die richtige Richtung, über den ich mich gefreut habe (...) Vielleicht kommt bald etwas in Bewegung. Die Äußerung des Berliner Kardinals Sterzinsky geht jedenfalls in diese Richtung. Er ist der Ansicht, daß die Seligsprechung von Nikolaus Groß auch ein Zeichen dafür ist, daß sich die katholische Kirche mit der Beurteilung des Verhaltens ihrer geistlichen Autoritäten während der Nazidiktatur neu und kritisch befassen sollte. So könnte Nikolaus Groß auch weiterhin ein Stein des Anstoßes bleiben – ein »Stolperstein« im wahrsten Sinne des Wortes – und ein Grund für die Weiterführung der Diskussion und die Klärung offener Fragen.*

## Stolperstein vor dem Haus Wilhelmstraße 55

## »In Köln immer ein Fremder ...«

### ALBERT KAUFMANN
### (1901–1944)

Rechnen – das war immer am schlimmsten. Dreisatz! Brüche! Oder – noch fürchterlicher – Textaufgaben! In diese geheimnisvolle Welt der Zahlen ist Hildegard Daut denn auch nie erfolgreich vorgedrungen. Nicht, dass sie sich nicht bemüht hätte. Fast jeden Nachmittag saß die Schülerin der Volksschule Steinbergerstraße zu Hause am Küchentisch und kaute verzweifelt am Federhalter. Und manchmal flossen dann auch Tränen. Allerdings nur, bis der Retter in der Not kam.

Der Retter in der Not saß meist im Zimmer nebenan und las seine belgischen Zeitungen. Die legte er aber sofort beiseite, wenn es schüchtern an der Tür klopfte und Hildegard ihren Standardspruch aufsagte: »Onkel Albert, kannst du mir mal helfen?«

Onkel Albert half immer. Nie, so sagt Hildegard Daut heute, habe er gesagt: »Ich hab jetzt keine Zeit« oder »Lass mich mal in Ruhe.« Onkel Albert, das Rechengenie, der Tüftler, der »Neunmalkluge«, sorgte dafür, dass die Hausaufgaben erledigt

Grete Kaufmann mit Tochter Renate und Nichte Hildegard

wurden und Hildegard anschließend zu ihren Spielgefährten auf den Köln-Nippeser Wilhelmsplatz gehen konnte.

Onkel Albert löste aber nicht nur mathematische Probleme, Onkel Albert sorgte auch für korrekte Grammatik – in Köln allerdings ein Unterfangen, dem nur bedingt Erfolg beschieden sein konnte. Wenn Hildegard etwa den urkölschen Satz

»Komm bei mich« formulierte, trug ihr das einen längeren Vortrag von Onkel Albert sowie die Information ein, es müsse heißen: »Komm zu mir«.

Onkel Albert war der Intellektuelle, der »feine, studierte Herr«, der in eine bodenständige »kölsche Famillich« in Köln-Nippes eingeheiratet hatte – und dort immer ein Fremder blieb. Die Familie fand ihn reichlich »unkölsch«, etwas steif und hochmütig und manchmal auch regelrecht zynisch. Mit der kölschen Lebensart ist er wohl nie so recht warm geworden, und der kölsche Karneval etwa muss für ihn ähnlich exotisch gewesen sein wie ein Stammesritual im fernsten Afrika. Doch im Gedächtnis seiner Nichte Hildegard Daut hat er bis heute einen festen Platz.

Hildegard Daut ist in Nippes groß geworden. Ihre Mutter war früh verwitwet und lebte zusammen mit ihren Kindern bei ihren beiden Schwestern in der Wilhelmstraße 55. Onkel Albert, Albert Kaufmann, war der Schwager ihrer Mutter, der Ehemann von Hildegards Tante Grete.

Albert Kaufmann, am 24. August 1901 in Göttingen geboren, kam aus einer renommierten Professorenfamilie. Sein Vater, Professor Walter Kaufmann, lehrte an der Universität Königsberg und später an der Universität Freiburg im Breisgau Physik. Er war ein Wissenschaftler von Weltrang, dessen Forschungen eine der Grundlagen für Einsteins Relativitätstheorie bildeten. Die ursprünglich jüdische Familie war zum Zeitpunkt von Alberts Geburt bereits zum Protestantismus konvertiert. Albert wurde evangelisch getauft. Als Kleinkind erkrankte der Junge schwer an Kinderlähmung und behielt eine lebenslange Gehbehinderung zurück.

Die Kaufmannschen Familienverhältnisse müssen einigermaßen verworren gewesen sein. So hatte Alberts Vater, der sich von seiner Frau scheiden ließ und dann die Pflegerin seiner Frau heiratete, seinem Sohn Raimund aus dieser zweiten Ehe nie erzählt, dass es aus der ersten Ehe fünf Kinder, unter anderem auch Albert, gab. Und als Alberts Frau eines Tages mit ihrem Töchterchen beim Schwiegervater in Freiburg vor der Tür stand, sagte der Herr Professor zu ihr:»Grete, bleib bitte draußen; ich will nicht, dass mein Sohn Raimund erfährt, dass er noch ältere Geschwister hat ...«

Albert Kaufmann, der schon als junger Mann ein eingefleischter »Tüftler« war und verschiedene Erfindungen machte, studierte in Königsberg. 1932 heiratete er die Kölner Schneiderin Grete Bauer aus der Wilhelmstraße 55 in Köln-Nippes. Das Paar wurde in der Luther-Kirche in Nippes evangelisch getraut. Albert Kaufmann bekam eine Anstellung als Diplom-Ingenieur bei Krupp in Essen, und das Ehepaar zog in eine Wohnung in Essen-West. 1937 wurde die Tochter Renate geboren.

Es muss 1939 gewesen sein, so erinnert sich Hildegard Daut, als es plötzlich hieß:»Tante Grete und Onkel Albert kommen wieder nach Köln.« Wahrscheinlich hatte Albert Kaufmann seine Stellung bei Krupp verloren, und die Familie wusste nun nicht, wohin. So kroch sie im Haus Wilhelmstraße 55 bei den Schwestern von Grete Kaufmann unter. Dort bewohnten die Kaufmanns ein einziges Zimmer. Aus dieser Zeit stammen Hildegard Dauts Erinnerungen an Onkel Alberts »Hausaufgabenhilfe« und daran, dass er mit Vorliebe belgische Zeitungen las.

Albert Kaufmann bekam dann doch wieder eine Arbeit bei der Montagefirma Rick in Köln-Sülz, wo er aber nur sehr wenig verdiente. Für den Lebensunterhalt der kleinen Familie sorgte nun Grete Kaufmann, indem sie ihren früheren Beruf wieder aufnahm und in der Steinbergerstraße in Nippes ein Schneideratelier eröffnete. Zwar hatte sie die Meisterprüfung als Schneiderin abgelegt, aber ihren Meisterbrief durfte sie nicht ins Schaufenster stellen, da sie mit einem Juden verheiratet war. Wohl um ihren Mann von der sich stetig verschärfenden politischen Situation abzulenken, mietete Grete Kaufmann in der Christinastraße in Nippes eine kleine Garage, in der er sich seinen Experimenten und Erfindungen widmen konnte.

Grete und Albert Kaufmann mit Töchterchen Renate

Die Tatsache, dass Albert Kaufmann Jude war, war innerhalb der Familie kein Thema. »Aber eines Tages«, erzählt Hildegard Daut, »als ich durchs Treppenhaus lief, öffnete eine Nachbarin ihre Wohnungstür und rief mir zu: ›Dinge Onkel es jo 'ne Jüd ...!‹ Und dann hab ich das meiner Mutter erzählt und die hat gesagt: ›Das ist gar nicht wahr. Der Onkel Albert ist ja bloß Achteljude ...‹«

Irgendwann beschlossen Grete und Albert Kaufmann, ihre Tochter in Sicherheit zu bringen. Grete Kaufmann hatte eine Kundin, die aus Schwäbisch-Hall kam und die anbot, die kleine Renate bei sich aufzunehmen und sie als Verwandte auszugeben.

1944 mussten Albert Kaufmann und seine Frau nach Köln-Riehl in die Johannes-Müller-Straße 29, in die »Seiffertsche Villa« ziehen. Das war ein großes Haus, das einem Direktor der Firma Clouth gehörte, der mit einer Jüdin verheiratet war. Aus diesem Grund wurde die Villa in ein so genanntes »Judenhaus«

umgewandelt, das heißt Juden, die aus ihren Wohnungen bereits hinausgeworfen worden waren, wurden dort zwangsweise zusammengepfercht. Von dort schrieb Albert Kaufmann eine Anzahl Briefe an seine kleine Tochter Renate bei ihrer Pflegemutter in Schwäbisch-Hall:

*Köln, d. 10. 9. 1944*
*Mein geliebtes Kind!*
*Diesen Brief schreibe ich Dir, weil ich ungewiß bin, ob wir uns in diesem Leben noch einmal wiedersehen werden. Gerne hätte ich Deinen Weg behütet, bis Du ein selber denkender Mensch geworden bist, der aus eigenem Urteil und Gefühl zu entscheiden weiß, was gerecht und richtig gehandelt ist, und seiner Überzeugung unbeirrt folgt. Wenn ich auch hoffe, daß wir alle zusammen, Du und Deine Eltern noch viele Jahre verleben sollen, so habe ich in meinem Leben doch gelernt, die Dinge unerbittlich so zu sehen, wie sie sind.*

*In einer vernichtenden Kriegszeit wie dieser ist das Leben eines jeden Menschen möglicherweise in jeder Stunde bedroht. Deinen Vater bedroht das Ende dieses Krieges, wenn Bombenflugzeuge und Kanonen schweigen, in doppelter Weise.*

*Wenn es dem deutschen Volke gelingt, seinen Bestand, sein Reich und damit seine Kultur zu sichern (und ich wünsche ihm das, denn die Menschheit hat ihm viele ihrer größten Güter zu verdanken), dann werden vielleicht die Lenker dieses Kampfes alle noch in Deutschland befindlichen Juden, die sie mit Rücksicht auf ihre arischen Ehegatten und die Kinder im Gegensatz zu den rein jüdischen Familien noch geschont haben, dafür entgelten lassen, daß dieser Kampf so entsetzlich und lebensbedrohend schwer war (…) Viele Deutsche, und vor allem die heutigen Lenker des deutschen Staates stehen auf dem Standpunkt, die Juden seien ihre erbitterten und gefährlichen Feinde; da muß dann jeder einzelne mit darunter leiden, obgleich er auch, wie ich, Deutschland und deutsche Kultur um ihres Reichtums und ihrer aufbauenden Gesundheit halber liebte, und sein bescheidenes Teil dazu tat, sie zu fördern.*

*Ich bin darauf gefaßt, im Falle eines deutschen Sieges von Staatswegen in den Tod oder eine Verbannung geschickt zu werden, in der ich für Dich und Deine Mutter so gut wie tot sein würde.*
*Siegen aber die Feinde Deutschlands, so wird es genug Menschen geben, die es mir sehr übel nehmen, daß ich als »Jude« nicht ihren Haß teilen konnte, und mich als »Wunsch-Nazi« an den roten Mob verraten, der dann sehr bald auch bei uns zur Herrschaft kommen würde, und dem ich als Sohn eines Staatsbeamten und selber Akademiker ohnehin ausrottenswert sein würde (...)*

In diesen Zeilen scheint etwas von dem auf, was der Historiker Peter Gay später einmal »die jüdische Liebesaffäre mit der deutschen Kultur« genannt hat. Es bezieht sich auf die bedingungslose Liebe zu diesem deutschen Vaterland, seinen Werten, seiner Kultur. Und darauf, dass sich ein Großteil dieser deutschen Juden zunächst einmal als Deutsche und dann erst als Juden definierte.

Im Spätsommer 1944 mussten die Kaufmanns erneut umziehen, diesmal ins Lager Müngersdorf. Dieses Barackenlager im Fort V., einer ehemaligen Befestigung zur Stadtverteidigung aus der Preußenzeit, diente seit 1941 als erstes Sammellager für Juden aus Köln und dem Umland. Hier wurden sie zusammengetrieben, um in die Ghettos und Vernichtungslager im Osten deportiert zu werden. Kurz vor dem »Umzug« nach Müngersdorf notierte Albert Kaufmann:

*d. 16. 9. 1944*
*Inzwischen beginnt sich das Schicksal Deiner Eltern zu erfüllen. Am Montag, d. 11. 9., erfuhren wir abends, daß wir am Dienstag bis 12 Uhr unsere Wohnung, unser Zimmer in der Seiffertschen Villa verlassen müssen, um in das Gemeinschaftslager der Juden in Köln-Müngersdorf zu ziehen. Da haben wir ein Militärdoppelbett, in das wir unsere Bettmatratzen eingelegt haben und unser Bettzeug und zwei enge, hohe Militärspinde. Da haben wir*

*das Wenige untergebracht, wofür Platz ist. In einem großen Barackenraum von 8 zu 10 m wohnen wir zu 19 Personen, die 10 Leute aus unserem Haus auf einer Seite zusammen. In dem Lager sollen 1500 Menschen in Mischehen aus Köln, Aachen und allen anderen Orten des Rheinlandes zusammengezogen werden. Auch alle Kinder müssen mit, wenn sie nicht vorher abgemeldet wurden. Wir sind ja so froh, daß Du jetzt bei Frau Reimer geblieben bist. Ich will hoffen, daß das den Reimers kein Unglück bringt.*

*Seit Donnerstag früh bis heute dürfen wir das Lager nicht mehr verlassen. Auch diejenigen, die arbeiten müssen, nicht. Wir warten sehnlich auf die Aufhebung der Sperre. Alle Menschen hoffen hier sehnlich darauf, daß die Engländer hierherkommen und uns befreien sollen. Wir werden vom kommenden Montag aus vom Lager verpflegt werden und keine Lebensmittelkarten mehr bekommen; das ist, damit keiner weglaufen kann. Solange wir noch eigene Lebensmittel haben, kocht Frau Fluhrer, die noch zuletzt in das Seiffertsche Haus eingezogen war, für uns alle auf einem kleinen, mitgebrachten Herd. Wir versuchen alle, uns gut zu vertragen und uns das Leben gegenseitig zu erleichtern (...) Ich selber tröste mich damit, daß ich das alles im Rahmen der großen Weltgeschichte als eine kurze, vorübergehende und eigentlich unwichtige Angelegenheit betrachte. Aber wie wenige Menschen können das (...)*

Hildegard Daut, die eine Lehre als Verkäuferin machte – »hauptsächlich hab' ich Verdunkelungspapier verkauft ...« – wohnte damals in der Boltensternstraße in Köln-Riehl bei einer Tante. Da keine Straßenbahnen mehr fuhren, lief sie öfter zu Fuß von Riehl ins Lager Müngersdorf, um Onkel Albert und Tante Grete zu besuchen. Die Zustände dort trieben ihr jedes Mal die Tränen in die Augen. Dennoch scheint Albert Kaufmann Mechanismen entwickelt zu haben, mit der um sich greifenden Hoffnungslosigkeit umzugehen. Am 22. September 1944 schrieb er an die Tochter:

Brief von Albert Kaufmann an seine Tochter Renate

*Wir hatten eine Woche schönsten Herbstwetters und ich benützte die Gelegenheit, der Enge der Stube möglichst zu entweichen. Bis heute ist die Lagersperre nicht aufgehoben und die Hoffnung sinkt, vor Kriegsende an eine vernünftige Arbeit zu kommen. Der deutsche Widerstand an der Westfront versteift sich. Unsere »Befreiung« rückt wieder in weite Ferne. Von Tante Lotte und anderen Bekann-*

*ten haben wir fast täglich Besuch gehabt; so konnten wir doch mit*
*der Außenwelt die Verbindung aufrechterhalten und die wichtigsten*
*Sachen herein- und herausbekommen (...)*

Albert Kaufmann wird gewusst haben, was ihm bevorstand.
Hellsichtig notierte er drei Tage nach diesem Brief:

*Köln, d. 25. 9. 44, 6 Uhr*
*Mein kleines Liebchen!*
*Wenn Gott mir nicht beisteht, so wird dieses die letzte Nachricht*
*sein, die Du von mir erhalten kannst. Heute vormittag mußten sich*
*die gesunden Juden und Mithäftlinge, Männer und Frauen, stellen,*
*um, unbekannt wohin, abtransportiert zu werden. Hoffentlich nur*
*zu einem sehr schweren und gefährlichen Arbeitseinsatz. Dann*
*haben sie vielleicht eine ebenso große oder kleine Möglichkeit, mit*
*dem Leben davonzukommen und ihre Lieben wiederzusehen, wie*
*jeder Soldat, den der Ruf des Staates an die Front schickt.*
*    Auch für mich wird es nur noch eine Frage von Stunden,*
*bestenfalls Tagen sein, daß ich mich von Deiner lieben Mutter*
*trennen muß. Dann wird der Tod, der mich als Kind bereits nur*
*widerwillig aus den Händen ließ und dessen Zeichen ich an*
*meinem Körper stets als schwere Last tragen mußte, wieder ganz*
*nahe gerückt sein. Entläßt er mich noch einmal, so wird es sein, um*
*mit gänzlich ausgebranntem Herzen nur noch dem ehernen Gesetz*
*der kommenden Zeit zu dienen. Vielleicht ist es besser, wenn Du*
*dann, mit dem Menschen, der Dein Vater ist, nicht mehr viel zu tun*
*hast, denn Du würdest über ihn erschrecken. Es ist mir heute nicht*
*gerade leicht, inmitten des allgemeinen Gejammers der Frauen*
*klaren Kopf zu behalten. Aber es geht (...)*
*    Bitte beklage mein Schicksal nicht! Es war mir vergönnt, die tiefsten*
*Gedanken der Menschheit zu verstehen. Die Tiefen von Raum und*
*Zeit waren mir zugänglich, soweit es einem allgemeinen Wissen*
*möglich ist. Es war mir vergönnt, einige recht nützliche Erfindungen*
*zu machen. Und vor allen Dingen, Deine Mutter hat mir 12*

*glückliche Jahre geschenkt, in denen wir bei allen Bedrückungen und Ängsten fest und treu zusammengehalten haben und einander auch viel Freude bereitet. Und Du, mein Kind, warst mir eine große Freude. Ich hoffe, daß Dir Deine liebe Mutter erhalten bleibt und Dich zu einem tapferen und klugen Menschen erziehen kann. Behalte sie immer sehr lieb und sei ihr ein gehorsames Kind. Sonst soll Dir Frau Reimer Mutterstelle vertreten. Sei ihr eine gute und hilfreiche Tochter!*

*Vielleicht wirst Du in einer Welt leben müssen, in der es als Makel gilt, Juden als Vorfahren zu haben. Dann bedenke, daß es in der Welt ringsum ebenso schlimm ist ein Deutscher zu sein. Ich hoffe, daß es einmal wieder Länder geben wird, in denen der Mensch nur das gilt, was er selber ist, und nicht gefragt wird, wen er zu Vorfahren hat. In dieser Hoffnung haben Deine Eltern es gewagt, dem Gesetz ihrer Liebe zu folgen (...)*

*Und nun sei noch vieltausendmal gegrüßt und geküßt.*

*Denke, wenn Du dieses gelesen hast, in Liebe an*

*Deinen Vater*

*Albert Kaufmann*

Albert Kaufmann wurde nach Theresienstadt deportiert. Doch im Lager kam er nie an.

Erst nach dem Krieg erfuhr seine Frau vom Ende ihres Mannes. Eine jüdische Nachbarin, die sich zusammen mit Albert Kaufmann auf diesem Transport befunden hatte, berichtete, was geschehen war: Nach der Ankunft in Theresienstadt wurden die Häftlinge auf einen Lastwagen verladen, der sie direkt ins Lager fahren sollte. An dem Lastwagen waren Holzstangen befestigt, die wohl das Gerüst für Planen bildeten. An diesen Holzstangen hielten sich die Häftlinge fest. Als eine der Stangen brach, mussten die Männer »zur Strafe« absteigen und sich an einer Hauswand aufstellen. Wegen seiner Gehbehinderung fiel Albert Kaufmann längeres Stillstehen sehr schwer. Als er sich bewegte, stürzten sich die Aufseher auf ihn und prügelten ihn tot.

Grete Kaufmann, die als »Deutschblütige« vor der Deportation ihres Mannes aus dem Lager Müngersdorf entlassen worden war, überlebte den Krieg. Nach Kriegsende nahm sie ihren alten Beruf wieder auf und eröffnete ein Schneideratelier in Köln-Marienburg. Sie starb 1976. Die Tochter Renate Kaufmann lebt heute in Amerika.

Kaufmanns Nichte Hildegard Daut, die heute noch in Köln wohnt, stiftete den Stolperstein für ihren Onkel. »Er soll eine kleine Erinnerung an einen Menschen sein, der noch nicht mal ein Grab hat«, sagt sie.

Stolperstein vor dem Haus Frechener Straße 7

»Wenn der Krieg vorbei ist (...)«

GERDA LENNEBERG GEB. HERZ

(1904–?)

ROLF ERNST LENNEBERG

(1930–?)

Welches Minimum an Puzzleteilchen, an Mosaiksteinen braucht man, um das Leben eines Menschen wenigstens annähernd rekonstruieren zu können? Was geschieht, wenn man lediglich auf wenig mehr als einen Eintrag in Grevens Adressbuch oder auf die dürren Daten einer Deportationsliste zurückgreifen kann? Wenn nicht mehr herauszufinden ist, wohin genau ein Familienmitglied emigriert und ob es je wieder nach Deutschland zurückgekehrt ist. Wenn alle Nachforschungen ins Leere laufen und alle Spuren einer Biographie verweht sind. Wenn kein einziges persönliches, schriftliches Zeugnis, kein Brief, keine Postkarte mehr existiert. Manchmal haben die Nationalsozialisten eben doch auf der ganzen Linie gesiegt: Sie haben nicht nur die Menschen ermordet, sondern gleichzeitig die Erinnerung an sie ausgelöscht.

Rolf Lenneberg auf einem Pony,
möglicherweise im Kölner Stadtwald

Marlies Manncke, geborene Seuffert, und ihr Bruder Heribert Seuffert sind denn auch die Einzigen, die noch über ein paar Bruchstücke der Erinnerung an drei Menschen verfügen, von denen heute sonst niemand mehr etwas weiß. Die beiden Geschwister bemühen sich, Begebenheiten, an die sie über 60 Jahre lang nicht mehr gedacht haben, wieder zu beleben, ein paar dieser Mosaiksteine, dieser Puzzleteilchen wieder auszugraben. Und so kramen sie angestrengt in ihrem Gedächtnis nach ihrer Kindheit, nach der Zeit, als Marlies zehn und Heribert knapp zwölf Jahre alt war. Von den drei Personen, die da zum Vorschein kommen, sind die beiden Erwachsenen allerdings nur noch schemenhaft, blass und in Umrissen auszumachen. Immer wieder sehen sich Marlies Manncke und Heribert Seuffert ratlos an und sagen: »Das wissen wir nicht mehr. Auf diese Frage kennen wir die Antwort nicht ...« Dennoch – lebendig geblieben ist bei ihnen, die damals Kinder waren, das Bild eines anderen Kindes, das Bild von »Rölfchen«. »Rölfchen«, sagt Marlies Manncke, »war ein süßes, ein außergewöhnlich liebes Kind.«

Dass die beiden »Rölfchen« und seinen Eltern überhaupt begegneten, hing mit dem neuen Haus von Marlies' und Heriberts Eltern zusammen. Die Familie hatte einige Jahre in der Hillerstraße in Köln-Lindenthal gewohnt, wo der Vater, Adolf Seuffert, ein florierendes Malergeschäft betrieb. Zu seinen

Kunden gehörte übrigens auch Kurt Freiherr v. Schröder, der Bankier, der den Nationalsozialisten den Weg zur Macht ebnete, indem er am 4. Januar 1933 in seiner Villa am Stadtwaldgürtel 35 ein Geheimtreffen Hitlers mit dem damaligen Kanzler Franz v. Papen organisierte. Im Jahr 1925 baute Adolf Seuffert mit Unterstützung der Gemeinnützigen Baugenossenschaft Sülz ein Haus. Es war ein heller, geräumiger Bau in der Kerpener Straße 131, eine Adresse allerdings, die weder Briefträger noch Geschäftsleute oder Freunde je fanden, weil die Kerpener Straße in der Mitte von einem großen Fußballplatz durchschnitten war. Folglich häuften sich die Beschwerden erboster Bürger, bis es auch der Stadt zu bunt wurde und sie das Straßenteilstück, in dem das Haus Kerpener Straße 131 lag, kurzerhand in Frechener Straße umbenannte. Das Haus hat heute dort die Hausnummer 7.

Adolf und Betty Seuffert, die mit ihren beiden Kindern Marlies und Heribert zwischen 1926 und 1927 in den ersten Stock des neu erbauten Domizils zogen, vermieteten die Parterrewohnung des Hauses, hatten aber mit den ersten Mietern nichts als Ärger und Verdruss. In die wunderschöne Parterrewohnung mit drei Wohnzimmern, einem Schlaf- und einem Kinderzimmer, einer Küche mit Balkon und einem Bad zog dann 1934 ein zuverlässiges, solventes, nettes junges Ehepaar mit einem Kleinkind: Richard Lenneberg, seine Frau Gerda, geborene Herz, und der kleine Sohn Rolf Ernst, genannt »Rölfchen«. Sie hatten bis dahin am Maarweg 25 in Braunsfeld gewohnt und suchten nun eine größere Wohnung. Richard Lenneberg, 1897 geboren, war, daran erinnert sich Marlies Manncke noch, groß und schlank, seine Frau klein und zierlich. Lenneberg arbeitete als angestellter Kaufmann in einem großen Textilunternehmen – Frau Manncke meint, es könne die Mode-Union, die ihren Sitz hinter dem Dischhaus hatte, gewesen sein.

Die Familie Lenneberg kam ursprünglich aus dem westfälischen Iserlohn. Aus den dortigen Annalen geht hervor, dass der Händler Noah Lenneberg – Richards Großvater – im Jahr 1868 immerhin so wohlhabend war, dass er zu denen gehörte, die »zur Zahlung von 6 bis 8 Silbergroschen für die Besoldung des Landesrabbiners« im Stande waren. Noahs Sohn Markus gründete in Remscheid in der Bismarckstraße 14 ein großes Herrenausstatter- und Sportgeschäft. Er und seine drei Söhne Werner, Georg und Richard hatten als Offiziere am Ersten Weltkrieg teilgenommen. Sie waren bewusste Juden und stolze Deutsche; sie dachten deutschnational.

Über die Familie von Gerda Lenneberg, geborene Herz, ist nichts bekannt. Gerda wurde 1904 in Köln geboren und stammte wohl aus einer Arztfamilie – aber das weiß Marlies Manncke nicht mehr genau. Sohn »Rölfchen« war am 1. Dezember 1930 in Köln zur Welt gekommen. Beim Einzug in die Frechener Straße brachte die Familie Lenneberg noch ein Hausmädchen mit, das die so genannte Mädchenkammer im Obergeschoss bewohnte. Die Lennebergs waren fröhliche, aufgeschlossene, unkomplizierte Leute; finanziell ging es ihnen gut, die Ehe war glücklich, der kleine Rolf ein »Wonneproppen«.

Zwischen den beiden Familien im Haus Frechener Straße 7 entwickelte sich bald ein Verhältnis, das nicht nur nachbarschaftlich-freundschaftlich, sondern herzlich genannt werden konnte. Man lud sich gegenseitig nachmittags zu Kaffee und Kuchen ein oder verbrachte gemeinsame Abende beim Wein, man teilte Freude und Sorgen miteinander, unternahm zusammen Ausflüge und Autofahrten. An eine dieser Touren erinnert sich Heribert Seuffert bis heute, weil Richard Lenneberg während der Fahrt laut sang und so »herumkasperte«, dass der Wagen beinahe im Graben gelandet wäre. Zu diesen Treffen stieß manchmal auch Richard Lennebergs Vater hinzu, der Kaufmann Markus Lenneberg aus Remscheid, ein überaus lustiger, geselliger Mann. Er hatte, so erinnert sich Heribert Seuffert, immer eine Menge launiger Anekdoten aus seiner Soldatenzeit zu erzählen. Wiederholt berichtete er amüsiert, wie er als Offizier auch dafür zu sorgen hatte, dass die Rekruten sonntags, streng nach Konfessionen getrennt, in die Kirche gingen und nicht etwa den Gottesdienst schwänzten.

Gerda Lenneberg schloss enge Freundschaft mit Betty Seuffert, »Tetta« genannt. »Tetta« war Gerdas Anlaufstelle für Rat und Hilfe in Haushaltsdingen. »Die junge Frau Lenneberg«, das weiß Marlies Manncke noch heute, »war als Hausfrau ein völlig hoffnungsloser Fall.« Immer wieder kam aus der Parterrewohnung der Hilferuf: »Tetta, kannst du mal schnell kommen?« Und immer, wenn dieser Ruf ertönte, wusste Betty Seuffert, dass mal wieder die Wäsche völlig verfärbt war, weil Gerda Lenneberg weiße Kochwäsche und Buntwäsche zusammen gewaschen hatte, dass die Kartoffeln nur noch als zähe schwarze Masse auf dem Topfboden klebten oder sich das Fleisch im Ofen nach stundenlangem Schmoren, wie Gerda Lenneberg händeringend jammerte, »so komisch anfühlte und noch komischer schmeckte«.

Auch die Kinder freundeten sich an. Rolf Lenneberg war zwar noch sehr klein, aber Heribert Seuffert, der alle Kinder der Nachbarschaft um sich sammelte, nahm auch »Rölfchen« zu allen Unternehmungen – Hüpfekästchen, Fußball, Murmel- und Versteckspielen – mit. Außerdem gab es im Garten des Hauses einen großen Sandkasten, der Treffpunkt für das »Kleeblatt« war: für Heribert, die Zwillinge vom Lebensmittelgeschäft Bettermann und »Rölfchen« Lenneberg. Aus dieser Zeit gibt es ein Foto von »Rölfchen«, das einzige, das noch existiert. Es zeigt den Kleinen auf einem Pony. Wo es aufgenommen worden ist, vielleicht im Zoo oder im Kölner Stadtwald, kann Marlies Manncke nicht mehr sagen.

Dass die Lennebergs Juden waren – das wussten Marlies und Heribert wohl, aber es spielte offenbar keinerlei Rolle. Sie können sich jedenfalls nicht erinnern, dass das Ehepaar etwa regelmäßig die Synagoge besucht hätte oder dass dort anders gekocht und gegessen worden wäre als bei ihnen zu Hause.

Aber eines wissen sie genau: dass Richard Lenneberg »irgendwann plötzlich fort war«. Es muss noch 1938 gewesen sein, als der Kaufmann beschloss, ins Ausland zu gehen. 1939 jedenfalls steht sein Name noch in Grevens Adressbuch, danach nicht mehr. Von Mitte 1941 an waren Emigrationen aus Deutschland nicht mehr möglich; bereits erteilte Visa wurden von der Gestapo für ungültig erklärt, selbst wenn die Betreffenden gültige Passage-Billetts besaßen. Was Richard Lenneberg bewog, allein zu gehen und die Familie zurückzulassen, wissen wir nicht. Vermutlich hatte er seine Arbeitsstelle verloren und sah keine Perspektive mehr für sich. Möglicherweise hatte auch der Freitod seines Vaters 1938 einen nachhaltigen Schock bei ihm ausgelöst. Markus Lenneberg, der deutschnationale Offizier und Seniorchef der Remscheider Firma Lenneberg, war offenbar nicht gewillt gewesen, sich von einem »hergelaufenen Österreicher« sein Deutschsein absprechen zu lassen, und hatte sich am Morgen nach dem Novemberpogrom, am 10. 11. 1938, in seinem Geschäft in Remscheid erschossen. Ein SA-Trupp hatte in der Nacht zuvor das alteingesessene Geschäft in der Bismarckstraße, nahe der Stadtkirche, in Schutt und Asche gelegt. Begraben wurde Markus Lenneberg auf dem jü-

**Remscheider Judengeschäfte**

M. Bär, Inh. Löwenstein, Haushaltwaren, Adolf-Hitler-Straße.
Schuhhaus Hirsch, Schuhwaren, Adolf-Hitler-Straße.
Max Weinberg, Konfektion, Adolf-Hitler-Straße.
Salamander???
Kaufhof A.-G.???
Seidenhaus Frank, Damen-Konfektion, Adolf-Hitler-Straße.
Diebels-Falk, Damenhüte, Adolf-Hitler-Straße.
Freund, Schuhwaren, Adolf-Hitler-Straße.
Gebr. Alsberg und Betten-Alsberg, Konfektion, Adolf-Hitler-Str.
Gebr. Naufmann, Konfektion, Adolf-Hitler-Straße.
Lenneberg, Herrenartikel, Adolf-Hitler-Straße.
Sternheim & Eichenwald, Konfektion, Bismarckstraße.
Salomon, Konfektion, Bismarckstraße.
Nima Ritter, einziges Remscheider Leihhaus, Bismarckstraße.
Dr. Markowicz, Arzt (meist beſucht!!), Fritz Nochollstraße.
Dr. Marx, Arzt (bald pleite), Adolf-Hitler-Straße.
Werner Windmüller, Germania-Apotheke, Remscheid-Hartner.
Uhren-Ring, Uhren, Blumenstraße.
Rob. Frohn & Sohn, Inh. Juden (Lieferant in Nafiertlingen an ſtädtiſche Beamte), Eberhardſtraße.
Norbert Koppel, Schrothandel und Zollinger Stahlwaren, Weſtſtr.

Stinkjuden!

Moritz Rabinowitſch, Damen- und Herren-Konfektion, Neuſtr. 24.
Mandelbaum, Althändler (kauft Herde für 3 Mk. und verkauft ſie für 15 Mk.), Papenbergerſtraße.
Joſef Artmann, Schneider-Bedarfsartikel, Greulingſtraße.
Vogel, Möbel, Bismarckſtraße.
Horowitz, Konfektion, Blumenſtraße.
Lipper, ſchmutzige Wäſche und tote Fliegen im Fenſter befordert, Brüderſtraße.
Guldörfer, Krawatten uſw. uſw., Freiheitſtraße.
Jak. Meier, Schrothandel, Freiheitſtraße.

Auflistung »jüdischer Geschäfte« in Remscheid in »Der Stürmer«

Grabstein von Markus Lenneberg mit gefälschtem Todesdatum

dischen Friedhof Remscheid-Bliedinghausen. Auf Befehl der Gestapo musste das Sterbedatum auf dem Grabstein, der 10. 11. 1938, gefälscht und durch ein unverfänglicheres Datum ersetzt werden.

Jedenfalls erzählte Richard Lenneberg der Familie Seuffert, er wolle nach Südamerika reisen – vermutlich nach Peru, aber ganz genau weiß Marlies Manncke das nicht mehr. Dort wollte er eine neue Existenz aufbauen und Frau und Kind später nachkommen lassen. Es wurde alles Geld zusammengekratzt, und Gerda Lenneberg hat wohl ihren Mann durchaus ermutigt zu gehen. »Wie lange diese Trennung dauern konnte«, sagt Frau Manncke, »davon hatte damals wohl niemand eine Vorstellung.«

Auch Gerda Lenneberg nicht. Sie habe immer nur voller Zuversicht den Satz gesagt: »Wenn der Krieg vorbei ist (...)« Aber der Nachsatz, »dann kommen wir nach«, den sie in der ersten Zeit nach dem Weggang ihres Mannes immer hinzufügte, dieser Nachsatz blieb irgendwann aus.

»Wenn der Krieg vorbei ist (...)« Kann es wirklich sein, dass Gerda Lenneberg annahm, der Krieg werde enden und sie mit dem Kind zum Mann nach Südamerika reisen? Kann es sein, dass sie sich an eine solch völlig irrationale Hoffnung klammerte, wider besseres Wissen? Und auf der anderen Seite: Kann es sein, dass Richard Lenneberg auswanderte und ernsthaft glaubte, Frau und Sohn könnten ihm später folgen? Konnten alle Beteiligten so blauäugig sein? So ahnungslos? So ohne jegliches politisches Gespür? Oder hatte die Familie vielleicht einfach nicht genug Geld, um die Auswanderung von drei Menschen zu bezahlen? Oder hatten sie zunächst nur ein Visum bekommen? Oder ging Richard Lenneberg fort, weil das Paar beabsichtigte, sich zu trennen? Das glaubt Marlies Manncke nicht. Nur – andere jüdische Familien, die die Zeichen der Zeit begriffen hatten, emigrierten gemeinsam. Gerda Lennebergs Schwester etwa war mit ihrem Mann relativ frühzeitig nach Brüssel ausgewandert.

Nachdem Richard Lenneberg fort war, stand seine Frau mit dem Kind irgendwann völlig mittellos da. Die Wohnung im Seuffertschen Haus in der Frechener Straße musste sie verlassen, weil sie die Miete nicht mehr bezahlen konnte. Am 30. April 1939 war das Gesetz »über Mietverhältnisse mit Juden« in Kraft getreten. Es besagte, dass Juden gegenüber einem nichtjüdischen Vermieter keinen gesetzlichen Mieterschutz mehr genossen. Vorübergehend lebte Gerda Lenneberg mit Rolf in Holland. Doch sie kehrte wieder nach Köln zurück, möglicherweise nachdem die Deutschen 1940 in die Niederlande einmarschiert waren. Wo in Köln die beiden dann wohnten, ist nicht mehr festzustellen.

Allein gelassen mit finanziellen Nöten, mit immer gravierender werdenden politischen Bedrückungen und mit der Sorge um ihr Kind, für das sie allein die Verantwortung trug, musste Gerda Lenneberg ihr Leben neu ordnen. Um wenigstens etwas Geld zu verdienen, nahm sie eine Putzstelle in einem Haus in der Robert-Blum-Straße an. Als das geschah, hatten sich die freundschaftlichen Bindungen an die Seufferts schon gelockert. Gerda Lenneberg kam nicht mehr zu Besuch, weil sie sich ihrer Armut und ihrer Notlage schämte und wohl auch nicht wollte, dass jemand aus ihrem »früheren Leben« erfuhr, dass sie nun bei fremden Leuten putzte. Irgendwann um diese Zeit traf Marlies Seuffert Frau Lenneberg in der Straßenbahn. Marlies saß im Innern der Bahn, Gerda Lenneberg stand draußen auf der zugigen Plattform. Marlies ging auf sie zu und sagte, sie solle doch hereinkommen, es seien noch Plätze frei. Gerda Lenneberg wurde sehr rot und erklärte flüsternd, es sei Juden verboten, sich in den Straßenbahnwagen zu setzen.

Auch Malermeister Adolf Seuffert hat seine frühere Mieterin Frau Lenneberg noch einmal auf der Straße getroffen. Da wollte sie ihm einen Teil des Lennebergschen Familiensilbers zum Kauf anbieten; sie brauchte wahrscheinlich dringend Geld. »Es war bereits Krieg«, sagt Marlies Manncke, »und mein Vater lehnte ab, weil er nicht wusste, was er mit dem Silberzeug anfangen sollte.«

In einer Anordnung über die »Zusammenlegung der Juden« bestimmte die Kölner Gestapo am 12. Mai 1941, dass Juden vom 1. Juni an nur noch in »jüdischen Häusern« unterzubringen seien. Die »besseren« Kölner Stadtteile sollten dabei so schnell wie möglich »judenfrei« gemacht werden. Für Gerda Lenneberg und ihren Sohn bedeutete das einen neuerlichen Umzug. Sie wurden in ein »Judenhaus« in der Maria-Hilf-Straße 17 eingewiesen.

Und dann kam der Tag, den Marlies Manncke nie vergessen wird. Es war der 21. Oktober 1941, ein düsterer, kühler Herbsttag. Am frühen Nachmittag – es dämmerte fast schon – läutete es an der Wohnungstür der Seufferts. Als Marlies öffnete, stand »Rölfchen« draußen in einem dicken Wintermantel. Schüchtern streckte der Elfjährige die Hand aus und sagte, er möchte sich verabschieden.

Auf die erstaunten Fragen der Seufferts antwortete der Kleine nur: »Wir müssen weg. Morgen.« »Ja, wohin denn?«, fragten die Seufferts. »Das weiß ich nicht.« »Wo ist denn die Mutti?« »Die kann nicht kommen. Sie lässt aber grüßen.«

Nebenan im Arbeitszimmer beim Vater, sagt Marlies Manncke, saß gerade ein Vertreter der Süßwarenfirma Villosa. Sie ging kurzerhand hinüber, nahm aus einem Karton eine Handvoll Villosa-Bonbons und stopfte sie dem kleinen Rolf zum Abschied in die Manteltasche. Er bedankte sich artig, gab ihr noch einmal die Hand und ging. Das Bild des Kindes, wie es sich herumdrehte und zur Tür hinausging, wird Marlies Manncke nie vergessen.

Am nächsten Tag, es war der 22. Oktober 1941, wurden Rolf und seine Mutter vom Bahnhof Deutz-Tief aus nach Lodz deportiert. Dort verliert sich ihre Spur. Sie sind verschollen.

Gerda Lenneberg wurde nach dem Krieg für tot erklärt.

Von Richard Lenneberg aus Südamerika hat nie wieder jemand gehört.

# Stolperstein vor dem Haus Michaelstraße 2

## »Entfernen wie Brennnesseln ...«

### JOSEF JOHANN MUMBOUR
### (1888–1945)

Sie war zweifellos die Hauptattraktion des Etablissements. Manche Besucher kamen überhaupt nur, um sie zu sehen. Für ihre Fans hatte sich der Abend schon gelohnt, wenn es im Saal dunkel wurde, die Bühne in geheimnisvolles Licht getaucht wurde, der Vorhang sich öffnete und sie einfach nur dastand: im langen eng anliegenden schwarzen Kleid, aus dem allerdings die Oberarme reichlich muskulös hervorschauten, mit modischen Schnallenschuhen, Bubikopf und Halskette. Wenn sie dann noch kokett mit ihrem großen weißen Fächer wedelte und mit dunkel-rauchiger Stimme zu singen begann, tobte der Saal. »Tilla, die lustige Kölnerin« war ein Original, dessen Ruhm weit über die Grenzen der Stadt hinausging. Manchmal trat Tilla auch gemeinsam mit der »Kollegin« Resi auf. Deren Spezialität war der »Carmentanz«, im buntem Stufenrock und mit klappernden Kastagnetten.

Die »lustige Kölnerin«, die mit bürgerlichem Namen Johann Welsch hieß, und die »rassige Carmen« waren Travestiekünstler,

»Tilla, die lustige Kölnerin«, bürgerlicher Name Johann Welsch

gut gewachsene, kräftig gebaute Männer um die vierzig. Sie gehörten zu den bekanntesten Damenimitatoren der 1920er Jahre und traten regelmäßig in Kölns berühmtestem Homosexuellenlokal, dem »Dornröschen«, auf. Tilla hatte, bevor sie dort ein Engagement bekam, bereits zuvor im »Hotel zum Adler« Triumphe gefeiert.

Das »Dornröschen« in der Friedrichstraße 15, nahe dem Barbarossaplatz und direkt gegenüber der Kriminaldirektion Am Weidenbach, gehörte Friedrich Heydmann, war eines der buntschillerndsten Kölner Lokale dieser Zeit und besaß ein solches Flair, dass man ihm nachsagte, es könne seine Gäste regelrecht verzaubern. Heydmann hatte es Mitte der 1920er Jahre gegründet. 1928 machte er es zum Clublokal des »Bundes für Menschenrechte« (BfM), einer Organisation, die sich unter anderem für die Abschaffung des Paragraphen 175, des »Homosexuellenparagraphen«, einsetzte.

Das »Dornröschen« bestand aus zwei Räumen: Vorn im Eingangsbereich gab es eine Schankwirtschaft, in der sich manchmal auch die Strichjungen einfanden; hinten lag der große Saal, in dem rauschende Feste gefeiert wurden, Weihnachts-, Silvester- und Karnevalsbälle. Hier gab es auch Vorträge, Dichterlesungen, Kabarett- und Varietédarbietungen. Außerdem konnte sich das Lokal einer weiteren, unerhört progressiven Einrichtung rühmen: Auf jedem Tisch stand nämlich ein Telefon, über das die Gäste Kontakt miteinander aufnehmen konnten. Diese hochmoderne Art der Kommunikation erfreute sich größter Beliebtheit. Über das »Dornröschen« und seine vielfältigen Attraktionen hat ein Zeitzeuge einmal geschrieben:

*Wer wachen Auges auf das »Dornröschen« zuging, konnte schon von der ansonsten ruhigen Friedrichstraße aus erkennen, um welches Lokal es sich hier handelte. Aus dem »Dornröschen« kommend, flanierten Herren in Begleitung heranwachsender*

**Köln a. Rh.**
Klubhaus
„Dornröschen"
Ortsgr. d. B. f. M., e. V.

**Friedrichstraße 15,** a. d. Weierstraße
ab Hauptbahnhof Linien 9, 14, 18, 20, 21
Tägl. Zusammenkünfte **Mittwochs und**
**Samstags Gala-Feste** Durchgeh. Betrieb

Zeitungsanzeige aus den 1930er Jahren

*Männer zum gegenüberliegenden Lokal ›Zur Traube‹. Hatte man*
*nämlich im »Dornröschen« den ersten Kontakt geknüpft, machte*
*mancher einen Abstecher »Zur Traube«, um sich der Betriebsamkeit*
*des »Dornröschens« zu entziehen (...)*

Lokale wie das »Dornröschen« erfüllten gleich mehrere Funktionen. Sie boten nicht nur Möglichkeiten zur Kommunikation, zum Aufbau und Erhalt eines sozialen Netzes, sondern auch geschützte Räume, in denen die Homosexuellen unter sich waren. Sie konnten sich hier zerstreuen, Freunde treffen, Vorträge anhören, diskutieren und sich politisch engagieren. Hier mussten sie nicht ständig vor politischem Druck und gesellschaftlicher Demütigung auf der Hut sein.

Mit der Einführung des Paragraphen 175 RStGB (Reichsstrafgesetzbuch) war 1871 festgelegt worden, dass homosexuelle Handlungen zwischen Männern im gesamten Deutschen Reich strafrechtlich zu verfolgen und mit Gefängnis zu ahnden seien, nachdem sie vorher im Rheinland straffrei gewesen waren. Für homosexuelle Frauen galt der Paragraphen 175 zwar nicht; sie wurden aber trotzdem gesellschaftlich diskriminiert. Trotz dieser Rechtslage entwickelte sich im Kaiserreich und während der Weimarer Republik in den Großstädten eine blühende schwullesbische Subkultur: mit Bars, eigenen Zeitschriften, Kultur- und Freizeiteinrichtungen, Vereinen, aber auch mit politischen Organisationen, die für die Abschaffung des Paragraphen 175 kämpften.

Vor allem in der Zeit der »Goldenen zwanziger Jahre« war eine Aufbruchstimmung entstanden, ein neues gesellschaftliches Klima, weltoffen, tolerant und mit wachem Sinn für alles Neue, alles Schöpferische. Es war, wie einmal rückblickend geschrieben wurde, eine »Epoche der verlorenen Heiterkeit«, auch wenn diese Zeitspanne gerade mal die Dauer eines Atemholens, eines Flügelschlags hatte. Zwar waren die alten Vorurteile, Diskriminierungen und Diffamierungen keineswegs verschwunden, aber in dieser relativ liberalen Atmosphäre blieben die Homosexuellen weitgehend unbehelligt. Aus Berichten über die frühen 1920er Jahre sind jedenfalls für Köln keine Razzien in Homosexuellentreffs vermerkt. Ebenso fehlen Hinweise auf Observierungen durch Polizei oder Drohungen, den Wirten solcher Lokale die Konzession zu entziehen. In diesem Klima konnten sich Homosexuellen-Treffpunkte ungehindert entfalten. So auch das »Dornröschen«.

Dort tauchte manchmal am frühen Abend ein Mann auf, der zuvor die Eintrittskarten kontrolliert hatte, dann von Tisch zu Tisch ging, die Gäste kurz begrüßte, ansonsten aber immer dezent im Hintergrund blieb. Das war die »graue Eminenz« des »Dornröschens«, der Geschäftsführer Josef Johann Mumbour. Ihn hatte Friedrich Heydmann offenbar eingestellt, weil er bereits über eine beträchtliche Erfahrung als Inhaber und Manager etlicher Düsseldorfer Kneipen verfügte. Wie Heydmann und zahlreiche Stammgäste des Lokals war auch der Geschäftsführer Mumbour Mitglied des »Bundes für Menschenrechte«. Mitte der 1920er Jahre hatte es ihn von Düsseldorf nach Köln verschlagen. Mumbour, der dem »Dornröschen« in kürzester Zeit seinen ganz eigenen Stempel aufgedrückt hatte und der für den Erfolg des Lokals verantwortlich zeichnete, war das, was man eine schillernde und wohl auch zwielichtige Persönlichkeit nennen würde. Als er die Geschäfte des Lokals übernahm, hatte er bereits eine recht bunte und unstete Lebensgeschichte hinter sich. Vieles von dieser Geschichte liegt heute im Dunkeln. Und so basiert das, was man von Josef Johann Mumbour noch weiß, fast ausschließlich auf Behördenakten der Nazizeit.

Josef Johann Mumbour wurde am 12. Juli 1888 in Essen-Huttrop geboren und stammte aus einer katholischen Familie, die – der Name legt das nahe – möglicherweise ursprünglich aus Belgien oder Luxemburg kam. Er besuchte die Volksschule und absolvierte eine Lehre als Polsterer und Dekorateur. Er legte auch eine Meisterprüfung in diesem Beruf ab und eröffnete kurz darauf in Essen ein eigenes Geschäft. 1906 heiratete er; aus seiner Ehe gingen elf Kinder hervor. Doch trotz der großen Familie führte er ein recht unbürgerliches und unkonventionelles Leben. Nie hielt er es sonderlich lange an einem Ort aus, immer wieder trieb es ihn weiter. Und so gab er 1910 sein Geschäft auf und zog von Essen nach Düsseldorf, wo er vor Beginn des Ersten Weltkriegs und wieder nach Kriegsende die Geschäftsführung des »Konzertpalastes« übernahm.

1920 zog er erneut um. Diesmal nach Amsterdam, um dort eine Fremdenpension zu führen. Ob er bei jedem Umzug seine Ehefrau und die vielköpfige Kinderschar mitnahm, weiß man nicht. 1924 jedenfalls tauchte er plötzlich in Köln auf, bezog eine Wohnung in der Michaelstraße 2, arbeitete eine Weile in seinem erlernten Beruf als Polsterer und Dekorateur, war aber zwischenzeitlich als Geschäftsführer in einer Reihe unterschiedlicher Lokale tätig. Vielleicht brauchte er die ganz besondere Atmosphäre dieser Etablissements wie die Luft zum Atmen.

Ein Homosexueller, der aus reiner Tarnung geheiratet und eine Familie gegründet hatte, scheint Mumbour nicht gewesen zu sein. Ganz sicher aber war er bisexuell. Immer wieder geriet er wegen sexueller, aber auch anderer Vergehen mit dem Gesetz in Konflikt. Dokumentiert sind Verurteilungen 1922 wegen Betrugs in Düsseldorf, 1925 wegen »widernatürlicher Unzucht« in Köln, 1926 wegen Hehlerei ebenfalls in Köln. Dazu kamen Verstöße wie »Gewerbevergehen« oder »unerlaubte Gesangsdarbietungen und Tanz«. Das bedeutete einfach, dass er keine Schankerlaubnis und keine Konzession zur Führung der betreffenden Gaststätten eingeholt hatte. Diese Bagatelldelikte, die zumeist mit kleineren Geldbußen oder einer Gefängnisstrafe auf Bewährung geahndet wurden, zeigen ihn als typischen Kleinkriminellen jener Tage, der wahrscheinlich versuchte, sich in diesen politisch unruhigen Zeiten irgendwie am Rande der Legalität »durchzuwurschteln«. Regelmäßig tauchen in seiner Biographie sexuelle Vergehen auf. Das Amtsgericht Köln etwa verurteilte ihn am 27. Oktober 1927 zu vier Monaten Gefängnis. In der Akte heißt es:

*Gründe: wegen widernatürlicher Unzucht; er hat zwischen 1924 und 1927 mit dem Lehrling Heinz W. widernatürliche Unzucht begangen; ob er auch schon ein Verhältnis mit ihm hatte, bevor der Zeuge W. 14 Jahre alt war, konnte ihm nicht nachgewiesen werden; er war deshalb nach § 175 zu bestrafen; verschärfend: daß der Junge gerade 14 Jahre alt war; mildernd: reumütiges Geständnis.*

Als sich die »Goldenen Zwanziger« dem Ende zuneigten und sich der politische Wind drehte, geriet Mumbour immer öfter in die Mühlen der Justiz. Schon einige Jahre bevor die Nationalsozialisten die Macht übernahmen, war deutlich geworden, dass der Druck auf Homosexuelle zunahm, das Klima rauer wurde. Anzeigen wegen »Päderastie« und wegen »Erpressung aus § 175 RStGB« nahmen zu. Öffentliche Tanzveranstaltungen und Versammlungen von homosexuellen Männern und Frauen wurden verboten; in den Lokalen wurden Razzien durchgeführt und die Festgenommenen zu Verhören ein-

Josef Johann Mumbour

bestellt. Die Atmosphäre war unduldsamer, repressiver geworden. In Köln etwa lehnte es der »Ausschuss für Städtische Säle und Wirtschaften« im September 1927 ab, den Gürzenich-Saal für einen Votrag des bekannten Sexualforschers Dr. Magnus Hirschfeld zur Verfügung zu stellen. Hirschfeld musste sein Referat mit dem Titel »Das Recht auf Liebe – Die sexuelle Krise« stattdessen im Reichshallentheater abhalten. Auch 1928 und 1930 wurden ähnliche Anträge verweigert. Süffisant kommentierte am 7. Mai 1930 die Rheinische Zeitung das Verhalten des »Ausschusses«:

*Das muß grundsätzlich umso eigenartiger erscheinen, als derselbe Saal wüsten Schwadroneuren vom Schlage des Nationalsozialisten Robert Ley jederzeit zur Verfügung zu stehen scheint (...)*

Drei Jahre später hatten die »wüsten Schwadroneure« die Partie für sich entschieden. Gleich nach der Machtübernahme durch die Nationalsozialisten im Januar 1933 wurden politische Organisationen, Vereine und Zeitschriften homosexueller Männer und Frauen verboten, ihre Lokale geschlossen.

So auch das »Dornröschen«. Das Ende kam am Aschermittwoch 1933. Der bisherige Oberkellner, der sich als SA-Mann entpuppte, übernahm handstreichartig die Gaststätte, die anschließend – welche Ironie – in ein SA-Sturmlokal umgewandelt wurde. Zwar trat der SA-Führer Ernst Röhm offen homosexuell auf und war sogar Mitglied des Bundes für Menschenrechte gewesen, aber grundsätzlich passte Homosexualität nicht in das Konzept der neuen Machthaber. Homosexuelle Männer, die »ihre Zeugungskraft vergeudeten«, galten als Gefahr für das nationalsozialistische Bevölkerungs- und Rassenprogramm und wurden als »bevölkerungspolitische Blindgänger« diffamiert. Für sie hatte der selbst ernannte Sittenwächter und Reichsführer SS Heinrich Himmler schon früh markige Worte gefunden:

*Wir müssen uns darüber im klaren sein, wenn wir dieses Laster weiter in Deutschland haben, ohne es bekämpfen zu können, dann ist das das Ende Deutschlands, das Ende der germanischen Welt. Wir haben es leider nicht so einfach wie unsere Vorfahren: Bei denen wurde der Homosexuelle, den man Urning nannte, in den Sumpf versenkt (...) Das war nicht eine Strafe, sondern das war einfach das Auslöschen dieses anormalen Lebens. Das mußte entfernt werden, wie wir Brennnesseln ausziehen, auf einen Haufen werfen und verbrennen (...)*

Homosexuelle Frauen wurden durch die NS-Frauenideologie, die sich an Ehe und Mutterschaft orientierte, massiv unter Druck gesetzt und zur Heirat gedrängt. Man befand sie als durchaus »einsatzfähig« an der so genannten Mutterfront. 1935 wurde der Paragraph 175 nochmals verschärft. Nun konnten schon »wollüstige Blicke« zu einer strafrechtlichen Verfolgung führen. Erpressung, Diffamierung und Denunziation waren damit Tür und Tor geöffnet. Es begann die rigorose Hetze und Verfolgung homosexueller Männer durch die SS. 1936 wurde eine »Reichszentrale zur Bekämpfung der Homosexualität und der Abtreibung« eingerichtet. Verurteilungen zu Gefängnis, Zuchthaus und Arbeitslager nahmen sprunghaft zu, ebenso wie die Einweisung ins Konzentrationslager nach Verbüßung der Strafhaft oder als »Schutzhaft«. Auch »Tilla, die lustige Kölnerin« erlitt dieses Schicksal. »Tilla« wurde im KZ Mauthausen ermordet.

Nach der Schließung des »Dornröschens« war die gesamte alte Belegschaft zunächst arbeitslos. Auch Josef Johann Mumbour. Wie er sich in dieser Zeit durchschlug, kann nur noch bruchstückhaft anhand von Gerichtsakten rekonstruiert werden. Aus ihnen wissen wir, dass er immer wieder in unterschiedlichen Lokalen und Amüsierbetrieben arbeitete und manchmal dort auch wohnte. Doch der Boden, so scheint es, war ihm unter den Füßen fortgezogen, er selbst war wurzellos geworden. Seine »kriminelle Karriere« setzte sich fort: 1933 wurde er wegen Unterschlagung drei Wochen inhaftiert, 1935 wegen Betrugs vier Wochen. Am 16. Juli 1937 verhängte das Landgericht Köln eine weitere Strafe wegen «fortgesetzten Vergehens nach Paragraphen 175« mit einem gewissen Hubert B. In der Urteilsbegründung heißt es:

*1936 hat Mumbour das Lokal »Sanssouci« übernommen. Dort hat B. bei ihm am Buffet gearbeitet; beide wohnten zusammen in einem Zimmer im Hause des Lokals; dort haben sie mehrfach miteinander Unzucht getrieben. Mumbour hat dieses gestanden. Weihnachten 1936 arbeitete B. bei Mumbour im Lokal »Keulenkothen«; inzwischen hatte Mumbour die Leitung dieses Lokals übernommen. B. bestreitet alle Vorwürfe (...) In den Briefen kommt es zu Eifersuchtsbekundungen des Mumbour gegenüber B., wenn dieser fremdgegangen ist. Dem Gericht ist klar, daß dies einseitige Bekundungen sind (...) Für Mumbour wird demnach festgestellt, daß eine Verführung des B. nach § 175 a Ziff. 3 nicht nachgewiesen werden kann; ihm kann nicht widerlegt werden, daß B. auf diesem Gebiete bereits Erfahrungen hatte. B. ist nicht vorbestraft.*

Hubert B. wurde zu vier, Mumbour zu zehn Monaten Gefängnis verurteilt. Diese Strafe hatte er bereits am 17. Januar 1938 verbüßt – möglicherweise wegen guter Führung.

Im Sommer 1938 fand in Köln eine groß angelegte »Sonder-aktion« der Gestapo gegen homosexuelle Männer statt. Aus-gelöst worden war sie durch die Denunziation eines ranghohen homosexuellen NS-Funktionärs. Über 200 Männer wurden verhaftet und abgeurteilt. Viele von ihnen wurden in Konzen-trationslager verschleppt und kehrten nie zurück. Für einige Homosexuelle war die »freiwillige« Kastration die einzige Chance, der Einweisung ins KZ zu entgehen.

Mumbour blieb eine Weile unbehelligt. Am 10. Januar 1941 jedoch folgte wieder eine Verurteilung in Köln wegen Ver-gehens nach Paragraphen 175 zu einem Jahr Zuchthaus und drei Jahren Aberkennung der bürgerlichen Ehrenrechte. Dazu existiert noch ein Schreiben der Kriminalpolizei Köln vom 29. Januar 1941. Darin wird Mumbour als »Päderast« und »no-torischer Jugendverderber« bezeichnet. Weiter steht in dem Brief der Kölner Kripo über ihn:

*In früheren Jahren war er Geschäftsführer in den bekannten homo-sexuellen Verkehrslokalen »Dornröschen«, Friedrichstraße, »Sans-souci«, Augustinerplatz, »Keulenkothen«, Holzmarkt, wo er immer im besonderen Homosexuelle nach sich zog. Er ist wiederholt wegen Paragraphen 175 und anderer Delikte vorbestraft; eine polizeiliche Vorbeugehaft nach RdErl. des RSHA (Runderlass des Reichs-sicherheitshauptamtes, Anm. der Aut.) vom 12. 7. 40 – VB 1 Nr. 1143/40 erscheint angebracht, da jede Stunde Freiheit des M. eine ernstliche Gefahr für unsere Jugend bedeutet. Mumbour wurde im Jahr 1938 bei der großen Aktion gegen Asoziale festgenommen, aber nachher wieder entlassen. Er zeigte bisher in keinem Falle Reue, sondern bestritt immer die gegen ihn erhobenen Beschul-digungen. Er und seine Frau haben es bisher immer verstanden, ihn vor vorbeugenden Maßnahmen zu retten. Die Frau ist nicht viel besser als der Mann. Ihre Angaben sind mit der größten Vorsicht aufzunehmen.*

Die 3. Große Strafkammer des Landgerichts Köln erkannte auf versuchte Verführung eines Minderjährigen, der aber »keinen moralischen Schaden erlitten« habe. Das Urteil lautete: ein Jahr Zuchthaus. Mumbour wurde ins Zuchthaus Siegburg eingeliefert. Nach der Haftverbüßung, so schrieb die Kriminalpolizei Köln an das Zuchthaus Siegburg, solle er nach Köln überstellt werden – »zur weiteren Veranlassung«. Mitte November 1941 kam Mumbour mit einem Sammeltransport wieder nach Köln und wurde auf Anordnung der Kölner Kripo daraufhin untersucht, »ob er lagerhaft- und arbeitsfähig« sei. Der zuständige Arzt bejahte das nur bedingt, da Mumbour an einem Leistenbruch und Magenbeschwerden litt.

Im Januar 1942 sollte er im Bezirkskrankenhaus Düsseldorf operiert werden, doch die Ärzte dort lehnten eine Operation ab, da Mumbour an einer bösartigen Geschwulst leide, die bereits Metastasen gebildet habe. Mumbour drohe bettlägerig zu werden; er sei ab sofort haftunfähig. Danach wurde der Patient von seiner Tochter aus dem Düsseldorfer Bezirkskrankenhaus abgeholt.

Das RKPA (Reichskriminalpolizeiamt) jedoch ließ nicht locker und beantragte eine erneute Untersuchung Mumbours, um festzustellen, ob er nicht doch »lagerhaft- und arbeitsfähig« sei. Daraufhin wurde er vom Regierungs- und Medizinalrat beim Kölner Gerichtsgefängnis, Dr. Mockenhaupt, begutachtet. Der schloss einen Tumor mit Sicherheit aus und stellte fest, dass der Bruch durch eine Operation zu beheben sei.

Ende September 1942 ordnete die Kripo Köln eine »polizeiliche planmäßige Überwachung« des »Gewohnheitsverbrechers« Mumbour an. Diese »Überwachung« bedeutete unter anderem konkret: Verbot, den Aufenthaltsort ohne Genehmigung zu verlassen; Verbot, sich nachts draußen aufzuhalten; Verbot, minderjährige männliche Personen zu beherbergen; Verpflichtung, den Hausschlüssel abzugeben, sowie eine wöchentliche Meldung auf der Polizei. Bei einem Verstoß gegen die Auflagen drohte die Einweisung ins KZ. Die Kripo Köln stellte in einem Bericht vom vom 11. Februar 1943 einen solchen Verstoß fest:

*Ein junger Mann (über 21 Jahre alt) wurde wegen Diebstahls festgenommen. Bei der Befragung stellte sich heraus, daß er schwarz bei Mumbour gearbeitet hatte. Nach Befragen gab der Mann an, daß Mumbour ihn mehrmals auf den Hintern getätschelt habe; er habe ihn jedoch zurückgestoßen (...)*

Es folgte die nächste Festnahme Mumbours, der sich – laut RKPA – erneut als »Jugendverführer« betätigt hatte. Der Delinquent kam nicht, wie zunächst angeordnet, mit einem Sammeltransport nach Dachau, sondern wegen der Fliegerangriffe erneut nach Siegburg in Haft, wurde dort aus unbekannten Gründen und trotz eines bestehenden Haftbefehls am 15. Juli 1943 entlassen und floh nach Wien. Dort nahm man ihn Anfang Oktober 1943 wieder fest und brachte ihn nach Köln, wo er aus Mangel an Beweisen vom Vorwurf der Verführung eines Jugendlichen freigesprochen wurde.

Mit fast schon monotoner Regelmäßigkeit beantragte die Kripo Köln wiederum eine Prüfung auf »Lagerhaft- und Arbeitsfähigkeit«. Und am 1. März vermerkte sie, Mumbour solle in das KZ Natzweiler überführt werden. Das geschah. Mumbour traf dort am 17. März 1944 ein.

Am 25. März erfolgte mit Schreiben des RKPA die nachträgliche Genehmigung der »polizeilichen Vorbeugehaft«.

Irgendwann musste Josef Johann Mumbour seine letzte Reise antreten: die von Natzweiler ins Konzentrationslager Dachau. Warum er dorthin »verlegt« wurde, wissen wir nicht.

In Dachau ist er am 8. Februar 1945 gestorben.

## »Totgeschlagen – totgeschwiegen« –
## die homosexuellen Opfer des NS-Regimes

In den Jahren von 1935 bis 1945 verurteilte die nationalsozialistische Justiz über 50 000 Menschen wegen homosexueller Handlungen. Es ist davon auszugehen, dass 10 000 bis 15 000 homosexuelle Männer in Konzentrationslager verschleppt wurden. Die genauen Zahlen der dort Umgekommenen sind nicht bekannt. Die Beendigung des Krieges führte für die Homosexuellen nicht immer zur Befreiung. So ist in einem Fall aus dem Kölner Umland dokumentiert, dass sich die dortigen Ordnungshüter 1946 allen Ernstes bei der Kölner Polizei erkundigten, ob die »Überwachung« eines Homosexuellen, die offenbar auch nach Kriegsende fortgeführt wurde, weitergehen solle.

Auch nach dem Krieg wurde dieser Gruppe von Verfolgten keine Gerechtigkeit zuteil: Weder bei den Nürnberger Prozessen noch bei späteren Gerichtsverfahren gegen Nazis wurde die Verfolgung der Homosexuellen juristisch geahndet. Die nationalsozialistische Revision des Paragraphen 175 im Jahr 1935 wurde von den Alliierten und auch von den späteren Bundesbehörden als geltendes Recht übernommen. Das Bundesverfassungsgericht verteidigte diese Übernahme eines nationalsozialistischen Gesetzes 1957 mit bevölkerungspolitischen und »sittlichen« Überlegungen, die zum Teil nahtlos an nationalsozialistisches Gedankengut anschlossen. Der durch die Nazis verschärfte Paragraph 175 StGB war bis 1969 geltendes Recht. Das bewirkte, dass die Männer mit dem rosa Winkel – die Kennzeichnung der Homosexuellen in den Konzentrationslagern – die einfache Anerkennung als Opfer des NS-Regimes lange nicht erfahren haben. Von der allgemeinen Gedenkkultur blieben sie jahrzehntelang ausgeschlossen. In der deutschen Nachkriegsgesellschaft, in der sie als Kriminelle und Perverse galten, ist ihre Würde auch weiterhin dauerhaft zerstört und beschädigt worden.

40 Jahre lang wurde die Verfolgung der Homosexuellen im Nationalsozialismus in West- wie in Ostdeutschland praktisch totgeschwiegen. Erst Bundespräsident Richard von Weizsäcker hat in seiner Rede zum 8. Mai 1985 auch der homosexuellen Opfer des NS-Terrors angemessen gedacht.

In Köln – am Rheinufer, kurz vor der Hohenzollernbrücke – gibt es heute einen Gedenkstein, der an die lange verdrängte Opfergruppe der Homosexuellen erinnert.

# Stolpersteine vor der Universität
# und dem Haus Sachsenring 26

## »Arbeite, als lebtest du ewig.
## Bete, als müsstest du heute noch sterben.«

### PROFESSOR BENEDIKT SCHMITTMANN
### (1872–1939)

Dieses Mal war alles anders. Sonst war es hier im gediegen-eleganten Speisezimmer der Gründerzeitvilla am Sachsenring 26 immer äußerst lebhaft zugegangen, wenn Gäste da waren. Dann hatte eine muntere, bunt zusammengewürfelte Gesellschaft um den großen Refektoriumstisch aus glänzend schwarzem Holz gesessen: Gelehrte von Weltruf und bescheiden-schüchterne Studenten, hohe geistliche Würdenträger und schlichte Landpfarrer, Schriftsteller und Diplomaten, einflussreiche Politiker, begabte Künstler und behäbige Bürger, Hocharistokratie und deftiges rheinisches Patriziertum, Franzosen, Russen und Chinesen. Immer war angeregt geplaudert, hitzig debattiert und auch verbissen gestritten worden. Und immer waren die geschliffenen Römer mit altem Rheinwein gut gefüllt gewesen – im gastfreundlichen Haus dieses überzeugten rheini-

Professor Benedikt Schmittmann

schen Patrioten eine Selbstverständlichkeit. Einer unter den zahlreichen Gästen war jedes Mal besonders willkommen gewesen: ein Professor aus Paris, der trotz seines Namens – er hieß Médoc – den rheinischen Rebensaft sehr zu schätzen wusste und der überdies ein enger Freund des Hausherrn war.

Dieser Hausherr hatte mit seiner Gelehrsamkeit, seiner menschlichen Wärme, seinem Humor und seinem Talent, Menschen zusammenzuführen, die Villa am Sachsenring zu einem Zentrum geistigen Austauschs und geselligen Lebens gemacht. Kollegen, anhängliche Schüler und Freunde aus dem In- und Ausland – sie alle hatten eines gemeinsam: Jeder Besuch in diesem Haus war für sie zu einer persönlichen Bereicherung geworden.

Nur – diesmal war eben alles anders. In diesen Frühjahrstagen des Jahres 1934 saßen die beiden Freunde allein an dem großen Tisch in dem geräumigen Esszimmer. Der Ton war gedämpft, die Stimmung gedrückt. »Was glauben Sie, welche Dauer dem Regime beschieden sein wird?«, fragte der Gast aus Paris. »Es wird lange dauern«, kam die sorgenvolle Antwort des Hausherrn. »Es gibt Verbrecher und Vorbestrafte in wichtigen Schlüsselstellungen. Sie haben nichts als ihre miserable Haut zu verlieren, und die werden sie bis zum letzten verteidigen ...«

Das waren hellsichtige Worte des Hausherrn, Professor Benedikt Schmittmann, Ordinarius für Sozialwissenschaften an der Universität Köln, der bereits seine ganz eigenen Erfahrungen mit den so beschriebenen neuen Machthabern in Berlin hatte. Viele Jahre später wird sein Freund Paulus Lenz-Médoc, Professor für philosophische und soziale Ideengeschichte an der Sorbonne in Paris, in seinen Erinnerungen an dieses Treffen – das letzte der beiden Freunde – notieren:

*Trotz dieser Einsichten in die Strukturen der Gewaltherrschaft hat Benedikt Schmittmann es abgelehnt, den Weg ins Exil zu gehen. Er traute seinem Herzen nicht. Er fürchtete das bittere Los der Fremde. Und selbst als Hochschulen ihn ehrenvoll ins Ausland einluden, blieb er. In der Fremde vor Heimweh sterben oder in der Heimat als Gegner des menschenverachtenden Systems untergehen, schien ihm eine Wahl, in der er sich nicht mehr zu entscheiden hatte (...)*

Dabei hatte das neue Regime gleich zu Beginn ohne Umschweife deutlich gemacht, dass Menschen wie Benedikt Schmittmann darin keinen Platz mehr haben würden. Bald

nach der Machtergreifung wurde er von den Nationalsozialisten in der so genannten »A-Kartei« der Gestapo registriert.
Das war eine Liste von Regimegegnern und »Staatsfeinden« –
oftmals Funktionäre und Repräsentanten der Weimarer Republik –, die wegen ihrer »Gefährlichkeit in der Gegenwart und
für die Zukunft« als »Führungspersönlichkeiten« im Falle einer
Mobilmachung sofort festgenommen und »unschädlich« gemacht werden sollten. Auf dieser Karteikarte wurde Schmittmann als »Führer der rheinischen Föderalisten mit ihren
separatistischen Bestrebungen« beschrieben.

Vehasst war er den Nationalsozialisten aber nicht nur als
»rheinischer Separatist«, sondern auch als engagierter Katholik,
als Repräsentant und Verfechter der katholischen Soziallehre
und als Gründer des Reichs- und Heimatbundes Deutscher
Katholiken. Der hatte sich für eine Gebietsneugliederung des
Reiches im Rahmen einer Reichsreform eingesetzt, weil er in
der Hegemonie Preußens den möglichen Keim für weitere
kriegerische Auseinandersetzungen in Europa sah. Was Schmittmann vorschwebte, war ein Reichsaufbau nach föderalis-
tischem Muster. Die Vorherrschaft Preußens gegenüber den
anderen Ländern sollte so abgebaut werden.

Aber noch ein weiteres Herzensanliegen machte Benedikt
Schmittmann in den Augen der Nationalsozialisten verdächtig:
sein Eintreten für Völkerverständigung, insbesondere für eine
Aussöhnung mit Frankreich.

Und so war es eigentlich nicht weiter verwunderlich, dass der
Professor gleich nach dem 30. Januar 1933 den ganzen Katalog
nationalsozialistischer Willkürmaßnahmen zu spüren bekam.
Der Reichstag war kaum ausgebrannt, das Ermächtigungsgesetz
gerade von einer teils willfährigen, teils blinden Parlaments-
mehrheit angenommen worden, als der braune Pöbel auch
schon die Villa Schmittmanns am Sachsenring stürmte, ihren
Besitzer im Kölner Gefängnis Klingelpütz in »Schutzhaft«
nahm und ihn schließlich mit Lehrverbot belegte.

Esszimmer in der Villa Schmittmann, Sachsenring 26

Ein Mann, dessen Dienste in der rheinischen Provinzial-
behörde große Anerkennung gefunden hatten, der seit Jahren
zu den renommiertesten Lehrern der Kölner Alma Mater zählte
und dessen politische Aktivitäten Hochachtung geerntet hatten,
war wie ein gemeiner Verbrecher, wie ein Verräter an seinem
Land und seinem Lehramt abgeführt und eingesperrt worden.
Zwar wurde er nach fünf Wochen wieder entlassen, weil seine
Frau einen befreundeten Reichstagsabgeordneten um Hilfe in
Form einer direkten Intervention in Berlin gebeten hatte;
dennoch mag Benedikt Schmittmann geahnt haben, dass das
Verhängnis damit nur aufgeschoben, aber nicht aufgehoben war.

Diese Ahnung sollte sich bald bestätigen: Es folgten Verhöre,
eine vorübergehende Zwangsausweisung aus Köln und ein Dis-
ziplinarverfahren wegen »Hochverrats«, das drei Jahre später,
im Juli 1936, wieder eingestellt wurde. Doch selbst vor dem

Hintergrund all dieser lebensgefährlichen Schikanen entschied sich Schmittmann ganz bewusst gegen die Emigration. Auch ein Lehrangebot der belgischen Universität Löwen konnte ihn nicht umstimmen. Bemühungen, sich zur Wehr zu setzen, die Taten der neuen Herren anzuprangern, waren fehlgeschlagen. So war Professor Schmittmann im April 1933 zu einer »Mission« besonderer Art nach Rom aufgebrochen. Dort hatte er versucht, den Nuntius und Kardinalstaatssekretär Eugenio Pacelli – den nachmaligen Papst Pius XII. – vor dem neuen NS-Regime in Deutschland zu warnen. Nach einer sehr förmlich gehaltenen, fast kühlen Audienz bei Papst Pius XI. war Schmittmann klar geworden, dass seine Appelle vergebens gewesen, seine Warnungen ungehört verhallt waren.

Seit diesen Tagen des Frühjahrs 1933 – das wusste er – hing alles am seidenen Faden. An dem Faden, der im September 1939 endgültig reißen sollte.

Benedikt Schmittmann war aber keineswegs nur ein entschlossener Gegner des Nationalsozialismus – er war bereits in der Weimarer Republik als Querdenker und hier und da durchaus als Querkopf aufgefallen. Die Dinge gegen den Strich zu bürsten, Ideen kompromisslos auf ihre Tauglichkeit und ihre Praktikabilität hin zu beleuchten und dabei nie das Wohl des Individuums und das christliche Menschenbild aus den Augen zu verlieren – das waren die Maßstäbe seines Denkens und Handelns. Immer bemühte er sich, sein Leben nach dem Leitspruch auszurichten: »Arbeite, als lebtest du ewig. Bete, als müsstest du heute noch sterben.«

Es war eine Haltung, die ihm wohl schon im Elternhaus vermittelt worden war. Benedikt Schmittmann wurde am 4. August 1872 – ein Jahr nach Gründung des Deutschen Reiches – als Sohn einer wohlhabenden Kaufmannsfamilie in Düsseldorf geboren. Er wuchs in einem rheinisch-urkatholischen, bürgerlich-konservativen Milieu auf und besaß offenbar all die Eigenschaften, die damals einen »braven Jungen« auszuzeichnen pflegten: Er war fromm, fleißig, gewissenhaft und sparsam. Nach dem Besuch eines Düsseldorfer Gymnasiums studierte er zunächst Kulturwissenschaften in Rom, danach folgte ein Jurastudium in Freiburg, Leipzig und Bonn, das er 1897 mit der Promotion abschloss. Aus der Bonner Zeit stammte seine Freundschaft mit Konrad Adenauer, die bis zu seinem Tod hielt. 1903 heiratete er Helene Wahlen, Tochter einer angesehenen Kölner Fabrikantenfamilie. Helene Wahlens Großvater war Gründer des Kölner Stadtteils Ehrenfeld.

Der junge Schmittmann besaß – darüber sind sich alle Quellen einig – einen ausgeprägten Gerechtigkeitssinn und ein mitfühlendes Herz. Die Sorge um den Nächsten, um Arme, Kranke und Schwache, wurde zur Triebfeder seines politischen Wirkens. So schien es nur folgerichtig, dass er beschloss, sich der praktischen Sozialarbeit zu widmen. 1906 wurde er zum Landesrat und Leiter des Wohlfahrtswesens der Rheinischen Provinzialregierung ernannt. In dieser Funktion entwickelte er seine Ideen von Selbstverantwortung, Selbstverwaltung und Hilfe zur Selbsthilfe. In diese Zeit fällt auch sein zäher Kampf gegen die Volkskrankheit Tuberkulose, ein Kampf, der ihm internationales Renommee eintrug. 1913 wurde er Dozent für Sozialpolitik an der Hochschule für kommunale und soziale Verwaltung in Köln.

In seiner praktischen Sozialarbeit wie in seiner Forschertätigkeit ging Schmittmann von dem Ansatz aus, dass Freiheit und Verantwortung des Einzelnen als Grundlage der Persönlichkeitsentfaltung und Gewissensbildung besonders zu schützen und zu fördern seien. Eine staatliche Sozialgesetzgebung und Wohlfahrtspflege lehnte er ab, weil er glaubte, dass Menschen so zu bloßen Empfängern staatlicher Fürsorge würden und die Verantwortung für sich selbst und gegenüber der Gesellschaft nicht mehr wahrnähmen. Sozialpolitische Maßnahmen sollten nach Schmittmann in erster Linie zur Selbsthilfe anregen und Verantwortungsgefühl fördern.

Einen frühen Beitrag zur Neuordnung der sozialen Verhältnisse in Deutschland leistete er 1917 mit seiner Schrift über die »Reichswohnversicherung«. Darin befasste er sich vor allem mit der Wohnungsnot kinderreicher Familien und regte einen Ausbau der Sozialversicherung an, die das Recht auf eine Kinderrente einschloss. Der Grundgedanke war auch hierbei eine organisierte Selbsthilfe unter Mitwirkung des Staates.

Im selben Jahr übernahm er die Leitung der Schulverwaltung im wallonischen Teil des von Deutschen besetzten Belgiens. Hier gelang es ihm, das belgische Schulwesen vor dem Zusammenbruch zu bewahren und weiter auszubauen. 1919 holte der alte Freund Konrad Adenauer ihn als Professor der wirtschafts- und sozialwissenschaftlichen Fakultät an die wiedergegründete Universität zu Köln. Politisch wurde Schmittmann als Mitglied der Zentrumspartei aktiv und erhielt ein Mandat als Abgeordneter der Preußischen Landesversammlung. Dass er für das Rheinland, Niedersachsen und Schlesien den Status von Bundesländern anstrebte, brachte ihm den Ruf ein, »Separatist« zu sein.

Schmittmann war ein Verfechter der katholischen Soziallehre, die sich aus dem Naturrecht, der göttlichen Offenbarung und der Sozialphilosophie speiste und ihren kirchlichen Niederschlag in der berühmten Sozialenzyklika »Rerum novarum«, zu deutsch »Nach Neuerungen begierig«, fand.

Diese erste Sozialenzyklika überhaupt hatte Papst Leo XIII. 1891 verkündet und darin Maßstäbe in der gesellschaftlichen Auseinandersetzung um die »soziale Frage« gesetzt. Die grundlegenden Aussagen der Enzyklika – getroffen in einer Zeit brutalster Ausbeutung und wachsenden Elends des Industrieproletariats – gewannen nach dem Ersten Weltkrieg, in einer Zeit sozialer und politischer Missstände, neue Aktualität. »Rerum novarum« wurde zum Fundament katholischer Soziallehre und -ethik.

Schmittmann versuchte, in Übereinstimmung mit dieser Enzyklika, einen Mittelweg zwischen den gegnerischen Lagern

Kapitalismus und So-
zialismus zu beschrei-
ten, indem er weder
Kapital noch Arbeit,
sondern den Menschen
zum Mittelpunkt seiner
wirtschaftlichen Über-
legungen machte. Er
schrieb:

*Gesetze bleiben stumpf,
wenn sie nicht als not-
wendiges Gegenstück
von persönlicher Initi-
ative verstanden wer-
den. Daher ist eine*
Villa Schmittmann, Sachsenring 26
*Neubesinnung im Vol-
ke notwendig, die es dazu führt, seine Rechte zu erkennen und in
eigener Arbeit zu verwirklichen.*

Aus diesen sozialen Vorstellungen speisen sich auch die politischen:

*Wird die Verfassung als Lebensgesetz verstanden, so wird klar, dass
der Staat eine wichtigere Aufgabe hat, als nur in einer historisch
gewordenen Tradition zu stehen. Er muss seinem Selbstverständnis
nach zuerst Staat seines Volkes sein (...)*

Doch Schmittmanns Blick ging über die deutschen Grenzen
hinaus. Nur ein neu gestaltetes Europa war für ihn, nach den
Schrecken des Ersten Weltkriegs, Garant für Frieden und
Wohlstand. Wie diese neue europäische Völkerfamilie nach
Schmittmanns Vorstellungen aussehen sollte, beschrieb der alte
Freund Lenz-Médoc:

*Wie die Stämme im Reich, so sollten sich die Völker Europas in einem regionalen Völkerbund einigen, den er als eine »notwendige Vorstufe auf dem Weg zur Völkergemeinschaft« bezeichnete (...) Aber auch die Art der Einigung Europas war ihm nicht gleichgültig (...) Er forderte eine ganze Hierarchie von Föderationen und wie für das Reich so für den Europabund und die Völkergemeinschaft Vertrauen, Freiheit und gegenseitigen Respekt als Grundlage aller Beziehungen. Nur so hoffte er, »die Verschiebung des Krieges auf erdteilgroße Ausmaße, also eine Steigerung des Kriegswahnsinns« zu vermeiden (...)*

Begeistert beschwor Schmittmann das Bild vom Mutterland Europa, in dem Griechentum, Latinität und Germanentum zu einem Dreiklang verschmolzen wären.

*Ein Deutschland, das sich auf seine geographische Mittellage besänne, auf sein damals im Entstehen begriffenes Sozialrecht und auf seine föderative Reichstradition, schien ihm geradezu prädestiniert für die aktive Mitarbeit an der Gestaltung Europas, von der er auch Russland nicht ausschließen wollte und erst recht nicht England, für dessen Verwirklichung er aber vor allem auf eine deutsch-französische Verständigung zählte (...)*

Ein sozial gerechtes, friedliches Deutschland in einem neu gestalteten Europa – kein Wunder, dass dieser Mann den unstillbaren Hass der Nationalsozialisten mobilisierte.

Sie verlieren keine Zeit. Kaum haben am 1. September 1939 die deutschen Kanonen auf der Danziger Westerplatte zu donnern begonnen, kaum ist die Mobilmachung offiziell erfolgt, da verschaffen sich früh um 5.40 Uhr zwei Gestapo-Beamte in Köln Einlass in die Villa am Sachsenring. Sie dringen bis ins Schlafzimmer vor, verhaften Benedikt Schmittmann und nehmen ihn sofort mit. Er wird zunächst ins Gefängnis und nach einer Woche ins Konzentrationslager Sachsenhausen eingeliefert.

Dort befinden sich inzwischen 16 000 Häftlinge – alle kahl geschoren, alle in Sträflingskleidung, alle »Verbrecher«. Schmittmann, den sie wegen seiner Gelehrsamkeit den »Schulmeister« nennen, wird, wie alle anderen auch, von den Aufsehern beschimpft, gejagt, geschlagen, getreten. Ein Mithäftling, der Düsseldorfer Rechtsanwalt Dr. Fritz Maase, hat später über die Torturen berichtet:

*Wenn ein großer Teil der Gefangenen nicht mehr weiter konnte und am Boden lag, kam der Befehl: Hüpfen!*

*Hierbei mußte man in Kniebeuge gehen, die Arme hochheben und hinter dem Kopf verschränken und dann gleichzeitig mit beiden Beinen hochschnellen und vorwärtsspringen. Diese Übung wurde offiziell der »Sachsenhäuser Gruß« genannt.*

Bei diesem »Gruß« bleibt Benedikt Schmittmann erschöpft am Boden liegen. Der Scharführer kommt und tritt ihn mehrere Male mit den schweren eisenbeschlagenen Stiefeln in die Rippen, dass Schmittmann laut aufschreit. Maase berichtet weiter:

*Schmittmann stöhnte: »Ich kann nicht mehr!«*

*»Doch, du Pestbeule, du kannst«, brüllte der Scharführer. Jedes Wort wird von einem Fußtritt begleitet.*

*Noch einmal will der Scharführer ihn mit dem ganzen Aufwand seines bestialischen Sadismus hochbringen. Noch einmal bäumt sich das Opfer vor Schmerzen auf. Dann fällt Benedikt Schmittmann aufs Gesicht und bleibt reglos liegen.*

*Der Scharführer – ein Neunzehnjähriger mit einem hübschen, offenen Kindergesicht – hat seinen Auftrag ausgeführt. »Der Schulmeister ist fertig.«*

*Als man ihn vom Platz wegträgt, gilt sein letztes Röcheln seiner Frau. Seine Laute verlieren sich ins Unverständliche.*

Es ist Mittwoch, der 13. September 1939, mittags 12 Uhr, am vierten Tag nach Schmittmanns Einlieferung in diese Hölle. Die amtlichen Akten über den Häftling Benedikt Schmittmann enthalten den Vermerk, dass er bei einem Appell einen Schlaganfall erlitten habe, an dem er verstorben sei. Dazu passt, dass die bereits eingesargte Leiche nur mit der Auflage, der Sarg dürfe nicht geöffnet werden, zur Überführung freigegeben wurde. Ein jämmerliches Verwirrspiel lieferte nun noch die Gestapo, die versuchte, um Nachfragen aus dem Weg zu gehen, die Veröffentlichung einer Todesanzeige zu verhindern. Im Familiengrab auf dem Düsseldorfer Nordfriedhof wurde Benedikt Schmittmann beigesetzt. Der alte treue Freund Paulus Lenz-Médoc würdigte ihn später mit den Worten:

*Was er seiner engeren Heimat, der deutschen Reichsidee und der abendländischen Kultur verdankte, haben wir angedeutet. Seine letzte Quelle lag noch tiefer. Sie war:* »*Gott selbst und sein Geheiß, im Nächsten den Bruder zu sehen.*«

Bei einer politischen Versammlung am 24. März 1946 erinnerte ein anderer alter Freund, Konrad Adenauer, an die Verdienste Benedikt Schmittmanns:

*Er gehörte zu den wenigen Universitätsprofessoren, die im Kampf gegen den Nationalsozialismus ihr Leben hingegeben haben. Die Universität Köln kann stolz darauf sein, daß sie diesen Märtyrer einst zu ihren Dozenten zählen durfte.*

# Stolperstein vor dem Haus Venloer Straße 23

## »An Undank – daran dacht' ich nicht ...«

### DR. MAX SCHÖNENBERG
### (1885–1943)
### ERNA SCHÖNENBERG GEB. KAUFMANN
### (1892–?)

Dr. Barbara Becker-Jákli, Historikerin am Kölner NS-Dokumentationszentrum, ist ein ordentlicher Mensch mit einem ordentlichen, aufgeräumten Büro. Umso seltsamer mag Kollegen und Besuchern vor einigen Jahren der kunstvolle Turmbau von aufeinander gestapelten, angeschmutzten Schuhkartons auf ihrem Schreibtisch vorgekommen sein. Zusammengehalten wurden die Kästen, auf denen eine dicke Staubschicht lag, von brüchigen Bindfäden und ausgeleierten Gummibändern.

Im Innern der Kartons Stöße von Briefen, Tagebuchseiten und Fotos. Vergilbte Umschläge, mit verblasster Tinte beschriftet, schreibmaschinenbeschriebenes Luftpostpapier, hauchdünn, noch immer knisternd, aber längst bräunlich und zerknittert. Eselsohren und Flecken zeugten vom häufigen Lesen.

Dr. Max Schönenberg (1885–1943)
Erna Schönenberg geb. Kaufmann (1892–?)

Familie Schönenberg mit neu erworbenem Auto

Den Hauptadressaten all dieser Briefe lernte Barbara Becker-Jákli bald darauf damals persönlich kennen: einen kleinen, liebenswürdigen alten Herrn, der die weite Reise von Israel nach Deutschland unternommen hatte, um diesen Familienschatz in Köln abzuliefern; einen Mann, über den sich im Innern der Schuhkartons eine Tagebuchnotiz mit folgendem Inhalt fand:

*18.9.1920*
*Unser Junge entwickelt sich gut (...) Seit einigen Tagen bekommt er mittags etwas Gemüse (...)*

Der »Junge« von damals, der da 1999 fast achtzigjährig vor Barbara Becker-Jákli stand, hieß Reuwen Schönenberg. Eigentlich Leopold Schönenberg oder »Pold«, wie die Eltern ihn in ihren Briefen nannten. »Reuwen« ist sein hebräischer Name. Auf Einladung der Stadt Köln war er mit einer Besuchergruppe ehemaliger jüdischer Kölner wieder in seine alte Heimatstadt gekommen. Und mitgebracht habe er, so erklärte er der erstaunten Barbara Becker-Jákli, den kompletten schriftlichen Nachlass seiner Eltern.

In Reuwen Schönenbergs Familie spricht niemand mehr Deutsch. Keiner seiner Nachkommen werde je wieder, so argwöhnte der alte Herr, auch nur einen sprachlichen Zugang zu den Schriftstücken haben. Daher wolle er alles dem NS-Dokumentationszentrum übergeben, um es für die historische Forschung zur Verfügung zu stellen.

Die Zeugnisse eines ganzen Lebens – gepackt in ein paar Kästen. Schicksale, festgehalten auf vergilbtem Papier. Fröhliches, Trauriges, alltägliche Ärgernisse, Komisches und Tragisches – Facetten eines Kölner Familienlebens. Und – Erinnerungen an ein Köln, das es längst nicht mehr gibt, und an Menschen, die in Vergessenheit geraten wären – gäbe es nicht diese Schuhkartons.

Geschrieben wurden die Hunderte von Briefen und Postkarten von Reuwen Schönenbergs Eltern Dr. Max und Erna Schönenberg. In diesen Mitteilungen, die an emigrierte Verwandte – vor allem aber an den Sohn in Palästina und den Schwager in Shanghai – gerichtet waren, beschreibt das in Köln zurückgebliebene Ehepaar Schönenberg in unzähligen Einzelheiten seinen Alltag in Deutschland Ende der 1930er bis Anfang der 1940er Jahre, die politische Entwicklung mit den zunehmenden Bedrückungen, Einschränkungen und Bedrohungen und die wirtschaftliche Ausplünderung bis hin zur Deportation.

Die Briefe sind detailliert und zeugen von scharfer Beobachtungsgabe. Sie berichten den Adressaten auch ausführlich über die Situation vieler Bekannter, Verwandter und Freunde. Eindringlich zeigen sie, wie die Schreiber selbst immer mehr in die Isolation gerieten und dennoch versuchten, den Kontakt »nach draußen«, zu Freunden im Exil zu halten. Überraschend ist der – trotz aller Diskriminierung, Not und Bedrohung – positive Ton der Nachrichten. Der Grund dafür war wohl nicht nur ein außergewöhnlich starker Überlebens- und Durchhaltewille, sondern auch der Wunsch, die Angehörigen im Ausland nicht durch Klagen und Ängste zu belasten. Dr. Max Schönenberg war ein bekannter Kölner Arzt. Er wurde 1885 in Hamm als Sohn einer Kaufmannsfamilie geboren. Nach dem Medizinstudium in Bonn und Heidelberg erhielt er 1912 seine Approbation. Am Ersten Weltkrieg nahm er als Oberarzt teil und wurde mit dem Eisernen Kreuz ausgezeichnet. Kurz darauf heiratete er Erna Kaufmann, Tochter einer angesehenen Kölner Familie. Gegen Ende des Jahres 1918 eröffnete er eine Praxis in der Bismarckstraße 38, die sich ganz passabel anließ. 1919 beginnt er mit seinen Tagebuchaufzeichnungen.

Max Schönenbergs Tagebuch wurde im April 1937 bei einer Hausdurchsuchung von der Gestapo beschlagnahmt, einige Wochen später jedoch dem Eigentümer wieder zurückgegeben. Später, 1938 bei einem Besuch in Palästina, vertraute der Schreiber es seinem Sohn Leopold an, der dann eine Kopie der Aufzeichnungen mit nach Köln brachte. Das Original befindet sich heute im Leo-Baeck-Institut in Jerusalem.

Die Tagebucheintragungen enthalten auch ärztliche Kommentare zu Patienten sowie politische Einschätzungen und geben mit Rechnungen und Quartalsabschlüssen ebenfalls einen Einblick in die wirtschaftliche Situation der Familie. So notiert Max Schönenberg Silvester 1919:

*Die Politik ist weiter unerfreulich. Die Lebenshaltung wird immer teurer. Die Steuern immer höher. Man würde lieber zahlen, wenn man hoffen dürfte, dass das Reich dem Bankrott entgehen könnte. Ich glaube nicht daran. Es wird noch mal drunter und drüber gehen. Die Mehrheit der Bürger und der Beamten wartet auf eine starke Regierung.*

*Im ersten Halbjahr habe ich bar eingenommen:*    *2080.– M*
*Forderungen:*                                           *1500.– M*

Dr. Max Schönenberg, Erna Schönenberg, Sohn Leopold und Schwieger-
mutter Emma Kaufmann

*3000.– M Überschuss in 9 Monaten. Ein Hand-Arbeiter verdient*
*mehr (...)*

Trotz dieser Startschwierigkeiten überwiegen Zufriedenheit und
die Überzeugung, Probleme meistern zu können. Dazu kommt
ein Jahr später die Freude über die glückliche Geburt des
Sohnes – an einem denkwürdigen Tag:

*15. 3. 1920*
*Heute Abend, 7 1/4 Uhr ist Erna von einem Jungen entbunden*
*worden. 6 1/4 Pfd. schwer. Wohlgebildet (...) Ich hatte mir fest vor-*
*genommen, nicht mitzubehandeln. Ein leichter Damm- und tiefer*
*Scheidenriß zwangen mich dennoch zur Naht. 6 Innennähte.*
*Heute ist allgemeiner Streik zur Abwehr der Reaktion. Kapp-*
*Putsch (...)*

Neben der Politik gibt es aber auch zahlreiche Kommentare zu
Freunden und Bekannten. Man glaubt, die leicht hochgezo-

genen Augenbrauen zu sehen, wenn der konservative, arrivierte Arzt die emotionalen Irrungen und Wirrungen eines Freundes so kommentiert:

*19. 9. 20*
*Georg Rosenthal hat sich wieder mit einer Christin verlobt und will noch in diesem Monat heiraten. Ein sonderbarer Heiliger! Hoffentlich wird diese Ehe glücklicher als die erste.*

Immer wieder setzt Schönenberg sich sorgenvoll mit den politischen Turbulenzen der Weimarer Republik auseinander:

*23.6. 23*
*Die Politik ist schaurig. Frankreich starrt in Waffen. Es sucht uns auszupressen, will Rhein und Ruhr »controllieren«, da das Wort Annexion seit dem Versailler Vertrag verpönt ist. England möchte uns als Gegengewicht gegen Frankreich am Leben lassen, muß aber wegen seiner asiatischen Interessen zuviel Rücksicht auf Frankreich nehmen, als daß es ernstlich für uns etwas tun könnte.*
*Der Antisemitismus hat in Deutschland Hochkonjunctur. Vor einem Jahr wurde Rathenau – vielleicht der Mann, der uns aus dem Elend herausführen konnte – ermordet, weil er Jude war (...)*

Am 28. Juni 1927 bezieht die Familie ein geräumigeres Domizil in Ehrenfeld, in der Venloer Straße 23. 1935 ziehen auch Erna Schönenbergs verwitwete Mutter Emma Kaufmann und Ernas Bruder Dr. Julius Kaufmann, die bis dahin am Stadtwaldgürtel 87 gewohnt hatten, in dasselbe Haus ein.

Dieser Julius Kaufmann war wohl der Prototyp des unverheirateten Onkels, wie es ihn so oder ähnlich in vielen Familien gibt: freundlich, liebenswert, aber etwas wunderlich und lebensuntüchtig, mit etlichen Marotten. Er war Rechtsanwalt und besaß eine Kanzlei am Schwerthof. Allerdings betrieb er die Jurisprudenz ohne großen Enthusiasmus und widmete sich

Emma Kaufmann                  Dr. Julius Kaufmann

lieber seinem Hobby, der Philatelie oder auch seinen – wie die Familie fand – überwiegend unpassenden Damenbekanntschaften. Da er sich bei Letzteren nicht gern festlegte, brachte er sich immer wieder in brenzlige Situationen, wenn ihm die Verschmähten mit »Klärungsbedarf« zu Leibe rückten. Als besonders hartnäckig erwies sich ein gewisses »Fräulein N.«, das in Max Schönenbergs Briefen eine nicht gerade rühmliche Rolle spielt. Darüber hinaus war Julius Kaufmann wehleidig mit einem Hang zur Hypochondrie. Aus diesem Grund mag er die Heirat seiner Schwester Erna mit einem Mediziner überaus erfreut zur Kenntnis genommen haben, war er doch der Meinung, nun endlich jemanden zu haben, dem er unaufhörlich seine endlosen Beschwerden schildern konnte. Hier jedoch war er bei seinem Schwager Max offenbar an den Falschen geraten, denn dem gingen »Onkel Julius'« zahlreiche Leiden ganz gewaltig auf die Nerven. Und so kommentiert Max Schönenberg am 28. November 1928 die neuesten »Krankheitsbilder« des Schwagers bündig-trocken so:

*Ernas Bruder Julius klagt in den letzten Jahren viel über sein Herz. Ich finde nichts und halte ihn für einen Hypochonder. Ich habe die*

*Behandlung abgelehnt und ihn an einen anderen Arzt verwiesen
(...)*

Natürlich ist Max Schönenberg stolz auf den kleinen Leopold – auch wenn man aus den Aufzeichnungen oftmals eher den kühl beobachtenden Mediziner als den begeisterten Vater herauszuhören glaubt:

*29. Mai 1921*
*Inzwischen hat sich der Junge gut entwickelt. Steht fest auf seinen kleinen Beinen. 6 Zähne, alle schmerzlos gekommen. Große Fontanelle, fast geschlossen. Sehr vergnügt und lebhaft. Lall-Monologe: eia, eia, winke, winke (...)*

Über den Ferienaufenthalt des jungen Sohnes schreibt Schönenberg am 21. August 1932:

*Pold scheint sich sehr wohl zu fühlen. Er schreibt sehr vergnügt, sehr anschaulich, mit vielen Fehlern und entsetzlicher Schrift (...)*

Der kleine Leopold besucht die jüdische Volksschule Lützowstraße und danach die Oberrealschule am Hansaring. Bald nach 1933 muss in dem Ehepaar Schönenberg der Entschluss gereift sein, den Sohn aus Deutschland herauszubringen. 1937 schicken ihn die Eltern nach Palästina. Von diesem Zeitpunkt an beginnt ein reger Briefwechsel zwischen Max und Erna Schönenberg in Köln und dem Sohn in der Fremde:

*Köln, den 7. Februar 1937*
*Mein lieber Pold,*
*Heute oder morgen werdet Ihr in Haifa landen. Ihr habt gewiß auch von Brindisi bis Haifa eine schöne und eindrucksvolle Reise gehabt. Wir werden ja von Dir gewiß noch berichtet bekommen (...)*

*Unsere Tafelrunde ist jetzt sehr klein. Wir merken es sehr, daß Du nicht da bist. Aber nicht nur, wenn wir uns zu Tisch setzen. Wir denken immer an Dich. Und immer wieder ist es unser Wunsch, daß der Weg, den Du jetzt gehst, der richtige sein möge (...)*

Bereitwillig »begleiten« die Schönenbergs im Geiste den Sohn in der Ferne. Die Briefe schreibt fast immer der Vater, die Mutter fügt am Schluss Grüße an das »liebe Polterchen« hinzu. Beide Eltern bemühen sich, ein bisschen von dem mitzulernen, was Leopold lernt – auch wenn der Vater dabei unerbittlich deutsche Bildungsstandards hochhält:

*Köln, den 11. 4. 37*
*Lieber Pold,*
*Zum ersten Mal schreibe ich eine Adresse hebräisch. Es macht mir viel Mühe. Deine Schreibweise »Schenenberg« gefällt mir nicht. Dann doch lieber »Schoenenberg«, da es hebräisch kein ö gibt. Erkundige Dich bei Eingeweihten, ob meine Schreibweise möglich ist. Was bedeutet »an den Chawer«?* (dt. »Genosse«, »Gefährte«, Anm. d. Aut.)

Man spürt die Bemühungen, den Sohn nichts von den täglich zunehmenden Bedrückungen merken zu lassen. Das gelingt allerdings nicht immer. Jedenfalls nicht in dem Brief, den der Vater am 21. Juni 1937 an Pold schreibt:

*Heute Abend war ich mit Mutter im Stadtwald. Wir sahen den Vollmond am dunstigen Horizont rotgelb durch die Büsche und erinnerten uns, daß Du – es mag 10 Jahre her sein – den Vollmond für einen Reklameballon gehalten hast.*
*Aber wir haben noch mehr erlebt. Wir wollten, wie schon oft, in der Waldschenke zu Abend essen. Aber es kam anders. Mutter entdeckte einen Zettel mit der freundlichen Ankündigung, daß Juden nicht bedient werden (...)*

## Dr. Max Schönenberg (1885–1943)
## Erna Schönenberg geb. Kaufmann (1892–?)

*Wir suchten uns eine stille ruhige Bank, freuten uns am Grün der Bäume, am Singen der Vögel und an einigen Hasen – oder Kaninchenjungen, die in unserer Nähe grasten.*

*Ja, Pold, das hättest Du Dir auch nicht träumen lassen, daß Dir die Waldschenke, die Dich hat groß werden sehen, mal verboten werden würde (...)*

Ein knappes Jahr später, am 15. Mai 1938, hat sich die Situation weiter verschlimmert:

*Liebes Polterchen,*
*Seit wenigen Tagen sind wir besonders froh, daß wir einen jüdischen Hausbesitzer haben. Und wir wollen hoffen, daß er das Haus nicht verkauft. Denn jetzt sind Bestrebungen im Gange, die Juden aus den Häusern der Christen und die Christen aus den Häusern der Juden herauszubekommen. Wir nähern uns Schritt für Schritt dem Ghetto des Mittelalters. Die Cafés und Conditoreien haben jetzt fast alle ein Schild »Juden nicht erwünscht«. Auch bei den Kinos fängt es jetzt an.*
*Ich betrachte manchmal wehmütig mein E. K. I. (*Eisernes Kreuz, Anm. d. Aut.*). Und im Königsforst »dichtete« ich heute spazierengehenderweise:*
*»Als wir im Felde uns das Eisenkreuz erwarben,*
*Als mit Euch unsere Jungens starben,*
*Als es ermunternd und verheißend hieß:*
*›Der Dank des Vaterlands ist Euch gewiß.‹*
*Da tat ich nicht um Dankes willen meine Pflicht.*
*Doch an Undank – daran dacht' ich nicht.«*

Im selben Jahr 1938 besuchen die Schönenbergs den Sohn in Palästina. Dort bleiben wollen sie aber nicht. Es ist ihnen zu heiß, zu staubig, zu fremdartig. Wären sie geblieben – sie hätten ihr Leben retten können.

Doch sie kehren an den Rhein zurück, weil sie Heimweh haben und weil sie Erna Schönenbergs alte Mutter nicht allein in

Köln zurücklassen wollen: »Onkel Julius«, der bei der Mutter lebte, ist während des Novemberpogroms verhaftet und nach Dachau verschleppt worden. Nach seiner Entlassung gelingt ihm die Flucht nach Shanghai, dem einzigen Gebiet, in das eine Einreise ohne Visum möglich ist.

Und so gehen von Beginn des Jahres 1939 an die Briefe nicht nur nach Palästina an Pold, sondern auch nach Shanghai an Julius – hier natürlich immer mit den entsprechenden kleinen, manchmal auch spitzzüngigen »Belehrungen« von Schwager Max:

*Köln, den 22. 2. 39*
*Lieber Julius,*
*Heute landest Du in Schanghai. Ein neuer Lebensabschnitt beginnt für Dich. Nun heißt es vorwärtsschauen, nicht die Gedanken an das Vergangene hängen. Das lähmt die Schwingen (...)*

In den Frühjahrstagen 1939 beschäftigt die Schönenbergs ein Ereignis, das in der Kölner jüdischen Bevölkerung zusätzlich zu all der Not und den Bedrängnissen noch ganz andere, sehr alte Ängste weckt – Ängste vor einer Ritualmordbeschuldigung:

*Köln, den 2. 4. 39*
*Lieber Julius!*
*Wir waren einige Tage in Unruhe. Vor etwa acht Tagen hieß es in den Zeitungen: 8 Wochen altes Kind aus dem Kinderwagen vor einem Kaufhaus in Köln gestohlen. Während es für alle Leute ein Ereignis war, das Mitleid mit den betroffenen Eltern und schärfste Verurteilung der Täter erweckte, kam für viele Juden noch die Sorge dazu, was daraus entstehen könne, wenn der Fall nicht schnell geklärt würde. Wir dachten an Xanten und Komitz* (Xanten, Niederrhein, und Konitz, Westpreußen, waren Schauplätze Aufsehen erregender Ritualmordbeschuldigungsfälle, Anm. d. Aut.). *Hoffentlich gelingt es, die Angelegenheit völlig zu klären ...*

Bei dem erwähnten Fall handelte es sich um eine spektakuläre Kindesentführung am helllichten Tag mitten in Köln: Am 25. März 1939 wurde der nur wenige Wochen alte Rolf Hörnschemeyer im Beisein der Mutter in einem Kaufhaus auf der Hohe Straße von einer schwarz gekleideten Frau blitzschnell aus dem Kinderwagen gehoben und entführt. Diese Entführung schlug im ganzen Deutschen Reich hohe Wellen. Der kleine Rolf tauchte nie wieder auf, und auch Täter wurden nicht gefasst. Der Fall, der in den 1950er Jahren nochmals aufgerollt wurde, ist bis heute ungeklärt.

Aber ganz so, als wolle er diesen düsteren Gedanken nicht zu viel Raum geben, schreibt Max Schönenberg den nächsten Brief an den Schwager durchaus aufgekratzt in – reichlich holprigem – Englisch. Vielleicht, um zu dokumentieren, dass er doch noch über eine Auswanderung nachdachte?

*Köln, 25. 4. 39*
*Lieber Julius,*
*Our mother and Erna make the spring-cleaning. The household is overthrown. And the poor women are at the evening very tired (…)*
*With kindest regards yours as ever Max.*

In der Zwischenzeit ist ein – offenbar wehleidiger – Brief von Julius aus Shanghai eingetroffen, denn nur einen Tag nach dieser letzten Mitteilung schreibt Max Schönenberg erneut. Und hier klingt der Ton schon wieder etwas gereizter:

*26. 4. 39*
*Lieber Julius!*
*So interessant Deine Ausführungen sind, so fehlt ihnen doch das Salz (…) Also, andere haben auch Sorgen. Laß Dir Deine nicht über den Kopf wachsen (…)*
*Max*
*P. S. Ich traf heute Frl. N. Sie glaubt, Du würdest sie heiraten.*

Ganz offenbar sind Julius die amourösen Probleme bis nach Shanghai gefolgt. Sehr zum Ärger von Schwager Max. Der nämlich ist der Ansicht, »Fräulein N.« passe zu Julius »wie der Igel zur Puderquaste«:

*Köln, d. 23. 5. 39*
*Lieber Julius!*
*Am 20. sprach ich Frl. N. Sie sagte mir, daß Du von dem, was sie von Dir wissen möchte, eigentlich nichts schriebest. Na, da habe ich mich getröstet. Du behandelst sie wenigstens nicht besser als uns. Wir wissen im Grunde ja auch nichts von Deinen Sorgen, Plänen, Hoffnungen. Auf meine Fragen gehst Du grundsätzlich nicht ein (...) Frl. N. entbehrt in Deinen Briefen einen Hinweis auf ihre Zukunftshoffnungen. Sie ist tief geknickt, daß Du nicht geschrieben hast, daß Du sie nachkommen lassen würdest, sobald Deine neue Tätigkeit das möglich mache. Natürlich erinnerte sie mich auch daran, daß sie einen solchen Brief von Dir als Heiratsversprechen auffassen müsse. Sie klagte, auch körperlich fühle sie sich nicht wohl. Morgens beim Aufstehen werde sie schwindlig; sie führt das auf das plötzliche Aufhören des Geschlechtsverkehrs zurück. Ich konnte ihr erklären, daß das nicht in Frage komme und eher auf Blutarmut zurückzuführen sei (...) Also, überlege Dir Deine Briefe gut. Gibst Du ihr den kleinen Finger, nimmt sie die ganze Hand und läßt sie nie mehr los.*
*Mein Brief wird dich unangenehm berühren. Aber ich mache aus meinem Herzen keine Mördergrube. Daß ich es gut mit Dir meine, weißt Du.*
*Herzlichst Dein Max.*

Ein halbes Jahr später – im September 1939 – folgt ein Schreiben mit verändertem Briefkopf:

*Dr. Max Israel Schönenberg*
*Köln*

Dr. Max Schönenberg (1885–1943)
Erna Schönenberg geb. Kaufmann (1892–?)

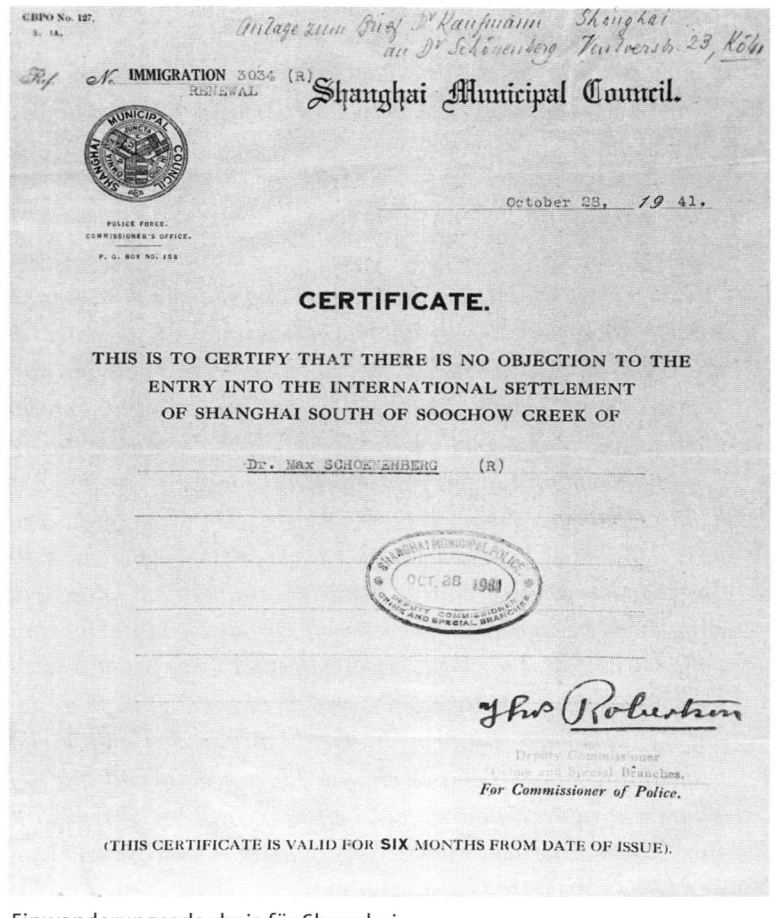

Einwanderungserlaubnis für Shanghai

*Venloerstr. 23*
*Ruf: 50771*
*Sprechstunden: Rubensstr. 33 8 1/2–9 1/2, 3–4*
*Zur ärztlichen Behandlung ausschließlich von Juden berechtigt.*
*Lieber Julius,*
*(…) Ich bin seit wenigen Tagen als jüdischer Krankenbehandler* (die
Berufsbezeichnung »Arzt« durften Juden ab 1939 nicht

mehr führen; Anm. d. Aut.) *zugelassen. Es ist vermutlich mehr eine seelische als materielle Entlastung, da die Gemeinde sehr arm ist. Sprechstunde halte ich in der Rubensstraße ab (...)*

Anfang Dezember 1940 lehnt das Ehepaar Schönenberg das Drängen von Julius Kaufmann, nach Shanghai zu kommen, ab:

*Gingen wir auf Dein Anerbieten ein, so würden wir Dich und uns zu einem dauernden Vegetieren in Schanghai verurteilen. Das reizt uns nicht. Es lädt uns auch zuviel Verantwortung Dir gegenüber auf. Entweder es findet sich eine constructive Lösung, die auch uns Arbeits- und Lebensmöglichkeit gibt, oder wir gehen mit unseren Leidensgefährten den gleichen Schicksalsweg, ohne vorher noch Institutionen und Einzelpersonen um ihre guten Dollars gebracht zu haben, die – wie Erna sehr gut bemerkt hat – besser angelegt werden, wenn dafür jungen und für die jüdische Zukunft wert-volleren Menschen der Weg ins Freie gebahnt wird.*
*Unsere Ablehnung wird Dir weh tun. Sie wird auch uns nicht leicht (...)*

Das Schicksal des Ehepaares Schönenberg ist damit besiegelt. Am 30. November 1941 schickt Erna Schönenberg noch aus der Wohnung Venloer Straße 23 an Freunde in der Emigration eines ihrer letzten Lebenszeichen:

*Bei uns geht die Tragödie weiter (...) Am 6. Dezember geht der 3. Transport weg, dieses Mal nach Riga. Abermals werden 1000 Menschen mit so viel Habe, wie sie tragen können, fortgeschickt. Sie haben es sogar etwas besser als die vorhergehenden, weil sie Matrat-zen mitnehmen können (...) Wir hatten abermals Glück und gehören nicht dazu (...)*

Das »Glück« ist nicht von Dauer. Einige Monate später werden die Schönenbergs im Lager Mausbach bei Stolberg inhaftiert.

## Dr. Max Schönenberg (1885–1943)
## Erna Schönenberg geb. Kaufmann (1892–?)

Von dort werden sie jedoch wieder nach Köln zurückgebracht und dann nach Theresienstadt deportiert, wo Max Schönenberg eine Zeit lang noch Kranke behandeln kann. Er stirbt dort am 8. Januar 1943. Erna Schönenberg wird von Theresienstadt weiter nach Auschwitz deportiert. Ihr Todesdatum ist unbekannt. Dr. Julius Kaufmann lebte bis 1949 in Shanghai und emigrierte dann nach Israel. Er starb plötzlich bei einem Besuch in Köln 1964 und liegt auf dem jüdischen Friedhof in Köln-Bocklemünd begraben. Leopold »Reuwen« Schönenberg lebt bis heute in Israel.

Stolperstein vor dem Haus Emmastraße 27

Nomadengut

## DR. LOUISE STRAUS-ERNST
### (1893–1944 [?])

Diese Verlobung wird sich, so darf vermutet werden, genauso abgespielt haben, wie der Schriftsteller Kurt Tucholsky das einmal in dem Essay »Die Familie« beschrieb:

*Zwanzig Lorgnons richten sich auf das arme Opfer, vierzig Augen kneifen sich musternd zusammen, zwanzig Nasen schnuppern misstrauisch: »Wer ist das? Ist sie der hohen Ehre, in diese Familie einzuheiraten, teilhaftig? Auf der anderen Seite ist das ebenso. In diesen Fällen sind gewöhnlich beide Parteien davon durchdrungen, tief unter ihr Niveau hinabgestiegen zu sein (...)*

Von dieser Überzeugung durchdrungen waren zweifellos auch die beiden Familien, die da im Jahr 1918 bei einer Verlobungsfeier in Köln aufeinander trafen. Sie hätten unterschiedlicher auch nicht sein können: Da war der Sohn eines kleinbürgerlichpeniblen, streng katholischen Beamten – Direktor der Taub-

Lou Straus-Ernst

stummenanstalt im rheinischen Brühl – und die Tochter eines wohlhabenden jüdischen Hutfabrikanten aus Köln. Da der Brühler Taubstummenanstalts-Direktor Philipp Ernst die anstehende Verbindung ebenso unpassend fand wie der Kölner Kaufmann Jacob Straus, werden beide Väter sich wohl ihre

Sprösslinge vorgeknöpft und eindringliche Warnungen ausgesprochen haben.

Philipp Ernst wird vielleicht über die jüdischen »Parvenüs« die Nase gerümpft und die Ansicht kundgetan haben, dass das Geld der Familie Straus ihr Judentum nur unwesentlich mildere. Und Jacob Straus wird händeringend gejammert haben: »Ein Künstler und ein völlig mittelloser obendrein! Kind, weißt du, was du da tust ...?«

Das »Kind«, damals immerhin bereits eine promovierte Kunsthistorikerin, tat, was alle »Kinder« in einer solchen Situation zu tun pflegen: Es hörte nicht. Und so heiratete 1918 die Kunsthistorikerin und Journalistin Dr. Louise Straus den Maler Max Ernst. Und das Verhängnis konnte seinen Lauf nehmen.

Ein Bohemienleben an der Seite eines, wie sich bald herausstellen sollte, notorisch unzuverlässigen und untreuen Künstlers war der Braut in der Tat nicht an der Wiege gesungen worden. Louise Amelie Straus, genannt Lou, kam aus einem behüteten, materiell gesicherten Elternhaus des gebildeten jüdischen Bürgertums. Sie wurde am 2. Dezember 1893 als Tochter des angesehenen Kölner Fabrikanten Jacob Straus geboren. Der Vater war Mitinhaber der Stroh- und Filzhutfabrik Löwenstern & Straus, zu der auch eine Modewarengroßhandlung gehörte. Lou besuchte die Städtische Studienanstalt in Köln und machte dort auch ihr Abitur. 1912 begann sie in Berlin und Bonn ein Studium der Geschichte, Kunstgeschichte und Archäologie, das sie 1917 mit einer Dissertation zum Thema »Zur Entwicklung des zeichnerischen Stils in der Cölner Goldschmiedekunst des 12. Jahrhunderts« abschloss. Sie arbeitete als wissenschaftliche Mitarbeiterin im Wallraf-Richartz-Museum und schrieb Rezensionen für verschiedene Zeitungen. Während ihrer Studienzeit in Bonn hatte sie den Maler Max Ernst kennen gelernt.

Es waren unruhige Zeiten damals nach dem Ende des Ersten Weltkriegs. Auf die politischen und sozialen Umbrüche dieser Epoche, auf Inflation, Arbeitslosigkeit, Massenelend und Klassenkämpfe antworteten viele junge Künstler mit provokanten Aktionen, die in zahlreichen europäischen Ländern Anhänger fanden und in einer internationalen Bewegung namens »Dada« mündeten. Die einflussreichsten Zentren wurden in Berlin und Zürich gegründet, aber auch in Köln entstand eine Dadaisten-Gruppe, deren Initiator Max Ernst war.

Nach der Hochzeit zogen Max und Lou Ernst in die oberste Etage eines vierstöckigen Mietshauses am Kaiser-Wilhelm-Ring 14. Es gehörte einem Zahnarzt, der sich regelmäßig über das »Bohème-Gesocks« aufregte, das da ständig im Treppenhaus auf und ab lief und überdies die ganze Nacht in der Wohnung, die einem Heerlager glich, herumtobte.

*An jedem beliebigen Morgen konnten schlafende Gestalten überall in der Wohnung liegen, wo Platz zum Zusammenrollen war. Die häufigsten Besucher waren: Hans Arp und Sophie Tauber, Paul Klee, Jankel Adler, Lyonel Feininger, Tristan Tzara (...)*

So schrieb später Max' und Lous Sohn Hans Ulrich, genannt Jimmy, der 1920 in dieses turbulente Künstlertreiben hineingeboren worden war. Lou, vom Elternhaus her an Haus- und Kindermädchen gewöhnt und unsicher bei der Versorgung eines Säuglings, bekam ihre erste Lektion im Babywickeln von Paul Klee. Schließlich wurde ein Kindermädchen für Jimmy eingestellt, ein echtes »kölsch Mädsche«, das den Kleinen fanatisch liebte.

Im Laufe der Ehe – so hatte es den Anschein – wurde aus der klugen, temperamentvollen und selbstständigen Lou Straus-Ernst eine Art dressiertes Heimchen, das die Folgen seiner eigenen Abrichtung kaum noch registrierte. Für Lou bestand ihre Ehe in der allumfassenden Anstrengung, ihr Leben nach den Bedürfnissen ihres Mannes auszurichten. Sie bemühte sich nach Kräften, eine duldsame Ehefrau und gute Gastgeberin zu sein. Sie ließ Freunde fallen, weil Max sie nicht leiden konnte,

Lou mit Sohn Jimmy

sie hörte mit ihrem Geigenspiel auf, weil es Max beim Malen störte. Sie las nur noch die Bücher, die er empfahl.

Die junge Familie hatte drückende Geldsorgen. Zwar gelang es Lou gelegentlich, eine Schreibarbeit zu finden oder im Kaufhaus Tietz, dessen Besitzer ein Förderer der Künste war, Strümpfe zu verkaufen, aber es gab Tage, an denen der kleine Jimmy der Einzige war, der etwas zu essen bekam:

*Hätte ich nämlich nichts bekommen, dann wäre Maja, mein Kindermädchen, das kaum je ein Gehalt gesehen hatte, auf Max und Lou losgegangen mit einer Wut, die sie fürchten gelernt hatten (...)*

Bald war es nicht mehr zu leugnen. Jacob Straus' düstere Vorahnungen bezüglich der Zukunft seiner Tochter bestätigten sich in vielerlei Hinsicht. Max Ernst ordnete jede menschliche Bindung auf rabiat-egoistische Weise seiner künstlerischen Arbeit unter. Nichts anderes zählte. Er schlug Wunden und kümmerte sich nicht um deren Heilung. Für das kölsche Kindermädchen Maja war er aufgrund seines wirren Privatlebens mit seinen ständigen Affären und Unberechenbarkeiten nur der »Schweinehund Max«.

Im Sommer 1922 machten Lou und Max Ernst mit Jimmy und Kindermädchen Maja Urlaub in den österreichischen Alpen. Dort bekamen sie Gesellschaft von einer Gruppe dadaistischer Dichter und Künstler, unter ihnen auch der französische Schriftsteller Paul Eluard und seine russische Frau Gala, eine zarte dunkelhaarige Schönheit mit schwarzen Augen. Die beiden waren von da an ständige Gäste im Haus Ernst. In ihren Erinnerungen berichtet Lou:

*An einem Regentag saßen wir alle zusammen im Wohnzimmer. Max arbeitete mit Gala an der Übersetzung eines seiner Bücher und im Streit um eine sprachliche Nuance wurde er sehr scharf und beleidigend. Ich wollte Gala ein bisschen hänseln und warf ein: »Warum läßt du dir das gefallen, dass er dich derartig anschreit? So was hat er bei mir nie gewagt.« Max blickte kurz auf und erwiderte: »Ja, dich habe ich auch nie so leidenschaftlich geliebt (...)«*

Nach Gala Eluards Auftauchen muss Lou gespürt haben, dass etwas in der Luft lag, das das Ende ihrer Ehe bedeuten würde:

*Als wir durch den Wald nach Hause gingen, muß die Traurigkeit in meinem Gesicht wohl Eindruck auf Max gemacht haben. Es war ein feststehender Beschluss, dass er mit Gala nach Paris fahren würde (...) Seit Wochen hatte er nicht nur die Zimmer jenseits der Diele mit den Eluards geteilt, sondern auch Gala mit Paul (...) Max schien bestürzt über meine Niedergeschlagenheit.»Weißt du«, sagte er,»du brauchst eigentlich gar keinen Mann mehr. Du bist achtundzwanzig. Du weißt alles über die Liebe. Du hast einen Sohn (...) Was willst du mehr? Dein Leben mit dem Kind wird sehr glücklich sein (...)*

Dass Max Ernst sich von ihr trennte, war eine Kränkung, die Lou nie verwunden hat. Sie erzählte Max nicht, dass sie wieder schwanger war, und auch Jimmy erfuhr davon erst 40 Jahre später. Sie reiste zu einer Abtreibung nach Innsbruck und ging anschließend zurück in die leere Wohnung am Kaiser-Wilhelm-Ring in Köln, in der sie mit Max gelebt hatte und in der Jimmy auch geboren worden war. Sie musste sich nun auf ein Leben ohne den Ehemann und ohne eine Aussicht auf einen Broterwerb einrichten. Wie früher schon kam karge Hilfe von ihrem Vater, der diese Unterstützung aber immer an eine erzieherische Lektion koppelte: Ihr unglückliches Leben sei der Preis dafür, nicht nur einen Nichtjuden, sondern auch noch einen windigen Taugenichts von Künstler geheiratet zu haben. Von den Verwandten ihres Mannes konnte Lou erst recht keinen Beistand erwarten. Max Ernsts streng katholische Familie hatte sich der jüdischen Schwiegertochter und Schwägerin gegenüber immer äußerst distanziert verhalten.

Nach der Scheidung von Max Ernst 1927 begann Lous erfolgreiche Karriere als Journalistin und Kunsthistorikerin. Die Vossische Zeitung und die Dresdner Neuesten Nachrichten übertrugen ihr die gesamte Kunstberichterstattung für das Rheinland. Endlich ging es wieder bergauf. Diese Entwicklung muss Lou Straus-Ernst so gefreut haben, dass sie 1933 zunächst die düsteren Schatten der politischen Situation ig-

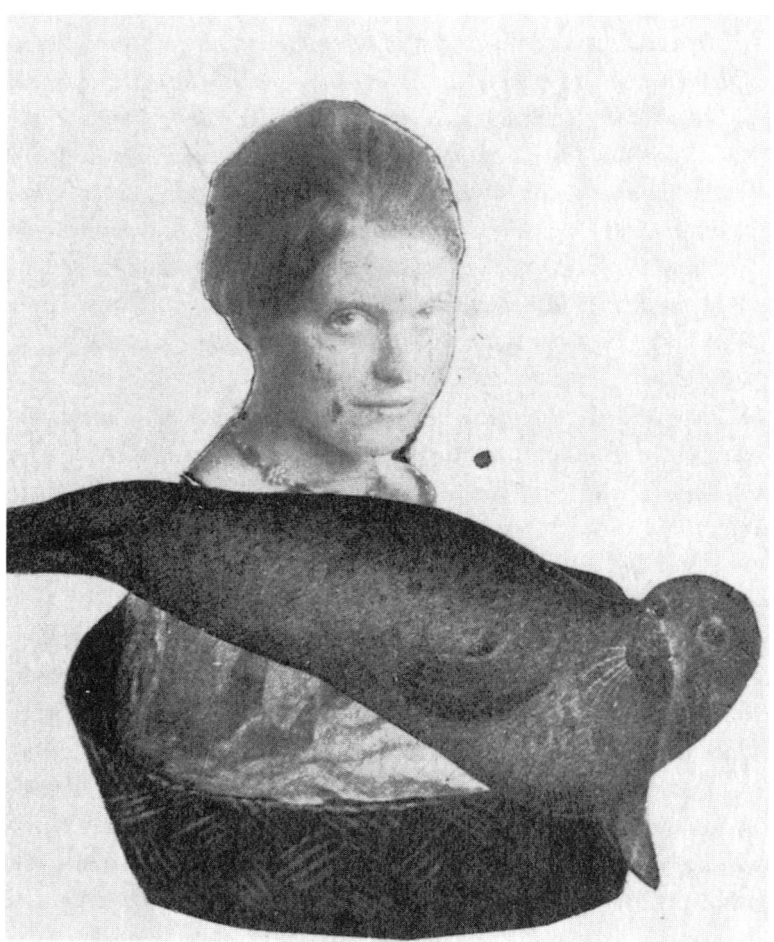

Collage von Max Ernst mit dem Bildnis von Lou

norierte – bis eines Tages an einem Gebäude in ihrer Nachbarschaft am Ring ein weithin sichtbares Transparent mit der
Aufschrift »Die Juden sind unser Unglück« hing. Die Bedrückungen des aufkommenden Nationalsozialismus trübten
auch das kleine häusliche Glück, das Lou dem Schicksal
abrang.

Aufgrund ihrer beruflichen Erfolge konnte Lou Straus-Ernst sich bald eine hübschere, hellere Wohnung leisten. Sie zog mit Jimmy in die Emmastraße 27 im Stadtteil Köln-Sülz. Sie genoss ihren persönlichen und beruflichen Erfolg – und die Bewunderung des einen oder anderen Liebhabers. Einer von ihnen, sie zählte ihn später zu ihren »Fehlern«, war ein junger Bildhauer, der ihr aufmerksam den Hof machte und den kleinen Jimmy mit Geschenken überschüttete. Er hieß Arno Breker, wurde Hitlers Lieblingsbildhauer und gestaltete nationalsozialistische Protzskulpturen.

Mit der Zeit schaffte Lou es, auf eigenen Füßen zu stehen. Sie hatte ein Kind und ein glückliches Zuhause, und sie war stolz darauf, von ihren vielen männlichen Kollegen als gleichwertig angesehen und geschätzt zu werden. Über diese kurze fröhliche Phase berichtete Jimmy Ernst:

*Sie nahm mich mit in die Synagoge, aber wir gingen auch in viele der schönen Kirchen Kölns, um musikalische Messen zu hören oder uns die Wunder der Kirchenfenster und der Altäre der rheinischen Meister anzusehen. Die Kirchenglocken, besonders die des Stolzes von Köln, des majestätischen Doms, wurden ebenso ein Teil meines Lebens wie die Stimme des Kantors (...)*

Jimmy durfte auch den in Paris lebenden Vater regelmäßig besuchen; es machte ihm ebenfalls keine Mühe, sich mit Max Ernsts ständig wechselnden Geliebten anzufreunden.

Eine Zeit lang hatte Lou gehofft, dass die politische Entwicklung in Köln dank des beliebten Oberbürgermeisters Konrad Adenauer anders verlaufen würde als im übrigen Deutschland. In ihren Erinnerungen schrieb sie:

*Solange wir ihn* (Konrad Adenauer, Anm. d. Aut.) *haben würden, konnte in unserer Stadt nichts geschehen, waren auch wir Journalisten in unserer Arbeit geschützt (...)*

Doch als Adenauer am 29. Juli 1933 seines Amtes enthoben und von einem Nazi ersetzt wurde, erkannte Lou, dass es Zeit war zu gehen. Sie emigrierte nach Paris – allerdings nicht zu Max, der dort inzwischen mit seiner zweiten Frau Marie-Berthe lebte. Lou versuchte, sich in der französischen Hauptstadt zunächst als Kunstkritikerin durchzubringen, konnte aber nur wenige Artikel in jüdischen oder Schweizer Zeitschriften veröffentlichen. Umgetrieben wurde sie von der Sorge um den Sohn Jimmy, der zunächst noch beim Großvater Straus in Köln geblieben war, dann aber 1938 nach Amerika ging. Dorthin folgte ihm 1941 auch Vater Max Ernst. Jimmys Versuche, die Mutter ebenfalls zur Emigration in die Vereinigten Staaten zu überreden, scheiterten.

Nach dem Krieg hat man Max Ernst den Vorwurf gemacht, er habe seine erste Frau dem sicheren Tod preisgegeben. Aus Jimmy Ernsts Aufzeichnungen geht hervor, dass das nicht zutrifft. Max Ernst hat sehr wohl versucht, Lou nach Amerika mitzunehmen. Er bot sogar an, sie pro forma wieder zu heiraten. Sie lehnte ab.

1939 floh Lou Straus-Ernst vor den deutschen Besatzern aus Paris. In dem provenzalischen Dörfchen Manosque fand sie bei dem französischen Schriftsteller Jean Giono Zuflucht und Schutz. Dort wurde sie 1943 von der französischen Polizei, den Handlangern der Gestapo, aufgespürt. Die französischen Behörden entzogen ihr das Bleiberecht und lieferten sie an die deutschen Besatzer aus, die sie in das Lager Drancy bei Paris brachten. Ihr Entschluss, nun doch noch nach Amerika zu emigrieren, kam zu spät, das Ausreisevisum erreichte sie nicht mehr. Im Angesicht der ständigen Bedrohung und aus der Angst heraus, dass ihr Leben zu Ende gehen könne, schrieb sie ihre Erinnerungen auf, denen sie den Titel »Nomadengut« gab. Eine »Nomadin« nennt sie sich selbst darin, »unruhig, stets zwischen Aufbruch und Verweilen schwankend ...«. Das Manuskript war für sie wie ein Freund, mit dem sie in ihrem einsamen und bedrohten Leben Zwiesprache halten konnte.

Einen maschinengeschriebenen Durchschlag des Textes schickte sie an eine Freundin in die Schweiz, die ihn nach dem Krieg an Jimmy Ernst weitergab. Lous Sohn nutzte Auszüge des Manuskripts für seine eigenen Lebenserinnerungen »Nicht gerade ein Stilleben«.

Ein Jahr lang lebte Louise Straus-Ernst noch im Lager Drancy. Am 30. Juni 1944 wurde sie mit dem vorletzten Transport von dort nach Auschwitz deportiert und ermordet. Das genaue Datum ihres Todes ist nicht bekannt.

Max Ernst starb am 1. April 1976 in Paris, nur wenige Stunden vor seinem 85. Geburtstag. Jimmy Ernst wohnte der Einäscherung seines Vaters bei. Über dieses Erlebnis im Krematorium des Pariser Friedhofs Père Lachaise notierte er:

*Es begann als ein Rumpeln unter meinen Füßen. Nur Feuer konnte ein solches Geräusch machen. Unter mir war der Verbrennungsofen. Ich glaubte einen knirschenden Seufzer in dem hohen Schornstein zu hören und sah, wie er eine dichte Rauchwolke gegen die tiefhängenden Wolken spie (...) Ungestört stand sie in diesem windstillen Augenblick als schwarze Säule aufrecht im Himmel über Paris wie ein gewaltiges Ausrufezeichen (...) Mein Vater, Max Ernst, war zu Asche geworden.*

*Fast greifbar hatte ich plötzlich eine Vision (...) Vor mehr als dreißig Jahren und vielen Tagen im Viehwagen von hier gen Osten war auch meine Mutter in Rauch aufgegangen, namenlos in den Dunst der vielen anderen brennenden Nummern eingegangen. Ich weiß nicht einmal, ob die Sonne schien, als Lou Straus-Ernst in der Statistik der »Endlösung« Hitlers verschwand (...)*

Nach dem Begräbnis des Vaters hat ihn eine Frage bis zu seinem eigenen Lebensende 1984 nicht mehr losgelassen:

*Und wieder war da das Suchen nach einem anderen Bild, einem anderen Ort: Wo ist die Asche meiner Mutter (...)?*

## Bodenplatte: Deutz / Rampe Deutzer Brücke

*(Diese Platte soll stellvertretend für die 30 Gedenksteine stehen, mit denen an 30 Stellen in Köln an die Deportationen und Ermordung der Sinti und Roma erinnert wird.)*

### Kein Haus und kein Grab

### SINTI UND ROMA

Eine etwas ungewöhnliche Szene: ein Schuppen in irgendeinem ärmlichen Hinterhof. Auf einem Stuhl davor sitzt eine adrette, blonde junge Frau im modischen Kostüm. Sie scheint so gar nicht hierher zu passen, wirkt in dieser Umgebung völlig fehl am Platze. Auf den Knien hält sie einen großen Schreibblock, auf den sie etwas notiert. Vor ihr hat sich ein wuschelköpfiger, barfüßiger Dreikäsehoch aufgebaut, der ihr mit einer Mischung aus Skepsis und Interesse zuschaut. Daneben stehen zwei Frauen, die lange Röcke und Kopftücher tragen.

Wo genau sich diese Szene abgespielt hat und wo sich die armselige Behausung befand, wissen wir heute nicht mehr. Auch nicht, wer die beiden Frauen und der kleine Junge waren. Wir können aber davon ausgehen, dass die drei den »Besuch« der eleganten Blondine mit dem Schreibblock nicht allzu lange überlebt haben dürften.

## »Zigeuner«

Jahrhundertelang hieß die Gruppe der Sinti und Roma, die ursprünglich aus Indien stammt, im deutschen Sprachraum »Zigeuner«. Auch die Nationalsozialisten benutzten diesen Terminus. Er gilt heute als diskriminierend. Die so etikettierten Menschen sprechen seit vielen hundert Jahren eine Sprache, die »Romanes« heißt. Darin verbergen sich die Worte »Rom«, das bedeutet »Mann« oder »Mensch«, und »Romini«, »Frau«. Es ist deshalb seit einigen Jahren Mode geworden, sie »Roma« zu nennen.

Mit »Sinti« wird die Gruppe bezeichnet, die seit dem späten Mittelalter im deutschen Sprachraum lebt. »Sinto« ist die männliche Bezeichnung, »Sintezza« die weibliche. In Deutschland ist es üblich geworden, allgemein von »Sinti und Roma« zu sprechen. Diese Praxis allerdings lässt zahlreiche andere Untergruppen – etwa die Kale, die Manusch, die Lallere – unberücksichtigt und wird aus diesem Grund von einigen Betroffenen kritisiert. Die Redewendung »Sinti und Roma« demonstriert folglich das Bemühen um »political correctness«, ist aber dennoch sachlich nicht ganz richtig.

Wer sie war, wissen wir genau: Sie hieß Eva Justin und war Mitarbeiterin der »Rassenhygienischen und Bevölkerungsbiologischen Forschungsstelle«, kurz »Reichsstelle Ritter« genannt. Als das Foto aufgenommen wurde, erfüllte sie gerade ihre Aufgabe bei der »Erfassung von Zigeunern«. Sie und weitere Mitarbeiter dieser Stelle bereisten 1937, 1938 und im Frühjahr 1940 das Rheinland und das Ruhrgebiet, um dort mehrere tausend Sinti und Roma zu verhören, zu fotografieren, zu vermessen und zu erfassen.

Diese Aufgabe trug für Eva Justin reiche akademische Früchte, denn die daraus resultierenden Erkenntnisse flossen in ihre Doktorarbeit ein. Im Vorwort zur Inauguraldissertation »Lebensschicksale artfremd erzogener Zigeunerkinder und ihrer Nachkommen«, genehmigt von der Mathematisch-Naturwissenschaftlichen Fakultät der Friedrich-Wilhelm-Universität Berlin, schrieb sie 1943 über diese »Forschungsarbeiten«:

Eva Justin bei der »Erfassung von Zigeunern«

*Wochen-, oft monatelange Forschungsfahrten im ganzen Reich, die
uns auf die Zigeunerlagerplätze, zu den verstreut liegenden Bara-
cken und Katen führten, oft aber auch zu wahren Suchfahrten nach
Zigeunerwagen nötigten, geduldiges Wühlen in verstaubten Akten
der Bürgermeister- und Pfarrämter, der vielen Privat- und Staats-
archive, systematische Durchsicht alter Polizeiakten führten endlich
zu dem gesteckten Ziel: der klaren Erfassung und Abgrenzung der
in Deutschland lebenden Zigeunerstämme, die heute im Altreich
rund 20 000 Individuen umfassen.*

Hier dürfte die junge Doktorandin einen kleinen Bock ge-
schossen haben, gab doch ihr Chef, Robert Ritter, die Zahl der
im damaligen Reichsgebiet lebenden »Zigeuner« mit 30 000 an.
Dennoch – fleißig, gewissenhaft, pflichtbewusst und diensteif-
rig lieferten Eva Justin und ihre Kollegen die Vorarbeit für das,
was sich wenig später so lesen sollte:

*Reichssicherheitshauptamt 30. Januar 1943. Betrifft. Einweisung
von Zigeunermischlingen, Rom-Zigeunern und balkanischen Zi-*

*geunern in ein Konzentrationslager: Auf Befehl des Reichsführers SS vom 16. 12. 1942 sind Zigeunermischlinge, Rom-Zigeuner und nicht-deutschblütige Angehörige zigeunerischer Sippen balkanischer Herkunft in einer Aktion von wenigen Wochen in Konzentrationslager einzuweisen (...) Die Einweisung erfolgt ohne Rücksicht auf den Mischlingsgrad familienweise in das Konzentrationslager-Zigeunerlager Auschwitz. Um ein vorzeitiges Abwandern zu verhindern, ist Vorsorge zu treffen, daß den zigeunerischen Personen die angeordneten Maßnahmen unter keinen Umständen vorher bekannt werden. Die Familien sind möglichst geschlossen – einschließlich aller wirtschaftlich nicht selbständigen Kinder – in das Lager einzuweisen (...) Die Hauptaktion soll Ende März 1943 abgeschlossen sein (...)*

Auf diesem Befehl basierte die »endgültige Lösung der Zigeunerfrage«, wie das im Jargon der Nationalsozialisten hieß. Auf diese Weisung hin begannen die Deportationszüge mit Sinti und Roma nach Osten zu rollen. Am 26. Februar 1943 kam der erste »Zigeunertransport« aus dem Deutschen Reich im Lagerbahnhof von Auschwitz-Birkenau an. Die Neuankömmlinge erhielten eigene Häftlingsnummern, denen ein Z vorangestellt war. Untergebracht wurden sie im Bereich B II e, dem »Zigeunerfamilienlager«, das aus rund 40 eingezäunten Wohn- und Sanitätsbaracken bestand. Weitere Transporte folgten in kurzen Abständen. Bereits am 11. März 1943 befanden sich rund 4435 »Zigeuner« im Lager.

Als diese Menschen gehetzt, gejagt und deportiert wurden, hatte ihr Volk schon eine vielhundertjährige Geschichte von Diskriminierung, Entrechtung, Vertreibung und Verfolgung in Europa hinter sich. Sinti und Roma kamen zwischen dem achten und zwölften Jahrhundert aus ihrer ursprünglichen Heimat, dem indischen Punjab, über Pakistan, den Iran, die Türkei und die Balkanländer nach Europa. Diese großen Reisen machten sie keineswegs nur freiwillig; ihr viel zitierter »Wandertrieb« war immer

Flucht. Seit ihrem Aufbruch aus Indien wurden sie überall verleumdet, verjagt, verfolgt. Sie besaßen keine Lobby, keine offiziellen Repräsentanten oder Organisationen, geschweige denn einen eigenen Staat. Ihren Lebensunterhalt verdienten sie vor allem als Schmiede, Werkzeugmacher, Kesselflicker, Scherenschleifer, Korbflechter und Pferdehändler, manche auch als Musikanten und Künstler. Große Gruppen von ihnen ließen sich im osteuropäischen Raum, auf dem Gebiet des früheren Jugoslawien, der Slowakischen und der Tschechischen Republik sowie in Ungarn, Rumänien und Bulgarien nieder. Andere zogen nach Westeuropa weiter. Etwa ab dem 16. Jahrhundert wurden in ganz Europa »zigeuner«-feindliche Gesetze erlassen.

Der Höhepunkt der Jagd auf diese Menschen wurde in den Jahren des Nationalsozialismus erreicht. Ihre Verfolgung geschah in verschiedenen Phasen: Bereits 1933, 1934 wurde klar, dass Sinti und Roma zu denen gehörten, die man in bestimmten Fällen zwangsweise zu sterilisieren beabsichtigte. Das zunächst wohl nur, weil man ihr Umherziehen, ihre Nichtsesshaftigkeit, die fehlende Bindung an die »Scholle« als »asozial« abstempelte. Nach Erlass der Nürnberger Gesetze 1935 jedoch wurden sie, genau wie die Juden, als »Fremdrasse« eingestuft, was Ausgrenzung und Entrechtung beschleunigte. Die ersten größeren Mordaktionen an Sinti und Roma begannen 1940/41 in Südosteuropa und auf dem überfallenen Gebiet der Sowjetunion.

Zu Beginn des Dritten Reichs versuchten zahlreiche deutsche Großstädte, dem »zigeunerischen Wandertrieb« entgegenzuwirken und die Menschen unter ständige Kontrolle zu bringen. In Köln wurde bereits 1935 ein Internierungslager für »Zigeuner« eingerichtet. Es lag auf dem Schwarz-Weiß-Sportplatz in Bickendorf, da, wo heute die Matthias-Brüggen-Straße verläuft. Ab und zu veranstaltete die Polizei Razzien in den Lagern. Im Rahmen einer reichsweiten Verhaftungsaktion wurden etwa im Juni 1938 im Lager Köln-Bickendorf rund 30 Roma festgenommen und in das KZ Sachsenhausen deportiert.

Razzia im »Zigeunerlager« Bickendorf

Inzwischen hatten führende Wissenschaftler des »Rassehygienischen Instituts« in Berlin eifrig daran gearbeitet, Sinti und
Roma unter besonderen »rassischen Aspekten« einzuordnen –
mit dem Ziel, sie als »minderwertige Rasse« zu brandmarken.
Nun hätten die aus Indien stammenden »Zigeuner« selbst nach
den abstrusen »Rassekriterien« der Nationalsozialisten ja die
reinsten »Arier« sein müssen – indogermanischer als sie war kein
Volk –, aber sie standen trotzdem den Vorstellungen von einer
»reinrassigen« Volksgemeinschaft im Weg. Deutlich machte das
1937 der Anthropologe Heinrich Wilhelm Kranz, Professor an
der Universität Gießen und Direktor des dortigen »Instituts für
Erb- und Rassenpflege«. In einem Artikel in der Beilage des Deutschen Ärzteblattes verglich er »Zigeuner« mit Parasiten und
erklärte:

*(...) daß sie unerwünschte Gäste sind, die niemand gerufen hat, die
sich nicht in die staatliche Ordnung einfügen wollen und aufgrund
ihrer rassischen Anlagen nicht eingewöhnen können (...)*

Dr. Robert Ritter vom »Rassehygienischen Institut« in Berlin und seine Assistenten – insbesondere Eva Justin – untermauerten diese Theorien, indem sie viele tausend »Zigeuner« aufspürten, untersuchten, registrierten, vermaßen, »Sippentafeln« ihrer Familien anlegten und aus den »Rasseforschungen« ihre Schlüsse zogen. Die waren dem Reichsführer SS Heinrich Himmler so willkommen, dass er festlegte, die »Reichszentrale zur Bekämpfung des Zigeunerunwesens« habe sich in allen Fragen an den Gutachten des Ritter-Instituts zu orientieren. So entschieden diese Gutachten über Leben und Tod.

Die Verfolgung der Sinti und Roma geschah vor aller Augen. Robert Ritters Erfassungsstelle arbeitete nicht nur eng mit Polizei und Kripo zusammen, sondern bekam auch große Unterstützung von kommunalen Behörden. Überdies öffneten die katholischen Pfarrämter den Häschern bereitwillig ihre Taufregister; die meisten Sinti und Roma waren Katholiken. Auf diese Weise zog sich die Schlinge um die Bedrängten immer enger.

Den Wissenschaftlern, die den Weg in die Vernichtung wiesen und bahnten, stand das ausführende Personal willig zur Seite. Auch in Köln. Dort wurden die Sinti und Roma am 16. Mai 1940 aus dem Lager Bickendorf in das Sammellager Köln-Messe transportiert, wo sie auf Verfolgte aus anderen Teilen des Landes trafen. Man hatte ihnen erklärt, sie würden in das von Deutschland besetzte Polen »evakuiert«. Eine Rückkehr nach Deutschland wurde strengstens untersagt. Ein dementsprechendes Dokument hatten sie vor ihrer »Abreise« zu unterschreiben:

*Mir ist heute eröffnet worden, daß ich im Falle der Rückkehr nach Deutschland unfruchtbar gemacht und in polizeiliche Vorbeugehaft (Konzentrationslager) genommen werde (...)*

Die Kölner Messe war der zentrale Sammelpunkt für die im März 1943 einsetzenden Verschleppungen von Sinti und Roma aus den Regierungsbezirken Köln, Aachen, Koblenz und Trier. Vom nur wenige Meter entfernten Bahnhof Deutz-Tief wurden Hunderte nach Auschwitz-Birkenau deportiert. Über die Deportation ist uns der Bericht des Überlebenden Julius Hodosi überliefert, den er nach dem Krieg zu Protokoll gab. Darin heißt es:

> *Der Transport war eine Qual. Zusammengepfercht ohne Essen, ohne Wasser, ohne Licht fuhren wir ins Ungewisse (...) Als sich endlich die Waggons öffneten, empfing uns die SS mit Schlägen und Bluthunden. Wir waren am Ziel. In diesem Augenblick hörten wir auf, Menschen zu sein. Wir waren nur noch Nummern. Alles, was wir hatten, wurde uns abgenommen. Allen, auch den Frauen und Kindern, wurden die Haare geschoren. Allen, auch meinen zwei kleinen Mädchen, wurden Nummern eintätowiert (...)*
> *Ich kam mit meiner Frau zu dem Kommando »Erdarbeiten«. Wir verlegten u. a. die Geleise zu den Krematorien. Jeden Tag gab es in der Zeit von 9 bis 10 die sogenannte »Strafarbeit«. In dieser Zeit mußten alle Arbeiten im Laufschritt verrichtet werden. Fiel jemand hin, wurde er gleich erschlagen. So verloren wir täglich 50 bis 60 Menschen (...) Für alle Kinder war das Lager der sichere Tod (...) Stundenlanges Appellstehen in der Nacht, auch für kleine Kinder, machte aus uns gehetzte, gequälte Wesen. Damals verlor auch ich meine zwei kleinen Kinder. Sie sind buchstäblich verhungert (...)*

Die meisten der Kinder im Lager starben an Hunger, Kälte, Seuchen und Misshandlungen. Der berüchtigte KZ-Arzt Josef Mengele führte dort grausame medizinische Experimente an Zwillingskindern durch. Über die Situation der Kinder im »Zigeunerfamilienlager« sagte die Überlebende Elisabeth Guttenberger später aus:

*Zuerst starben die Kinder. Tag und Nacht weinten sie nach Brot. Bald waren sie alle verhungert. Auch die Kinder, die in Auschwitz zur Welt gebracht wurden, haben nicht lange überlebt. Das einzige, worum sich die SS bei diesen Neugeborenen kümmerte, war, daß sie gleich ordnungsgemäß tätowiert wurden. Die meisten starben wenige Tage nach der Geburt. Es gab keine Pflege, keine Milch, kein warmes Wasser, geschweige denn Puder oder Windeln. Die größeren Kinder, ab 10 Jahren, mußten für die Lagerstraße Steine tragen (...)*

Dann kam die Nacht vom 2. auf den 3. August 1944, als die letzten noch lebenden rund 3000 Sinti und Roma in die Gaskammern getrieben wurden. An den darauf folgenden Morgen erinnerte sich der Häftling Rudolf Vitek später so:

*Am 3. August 1944 begrüßte uns morgens das Lager mit eisiger Stille: nur die Krematorien qualmten gewaltig; mächtige dunkle*

Sinti und Roma vor dem Abtransport ab Köln-Deutz

*Rauchsäulen stiegen zum Himmel. Unerträglicher Gestank von verbranntem Fett, Haaren und Fleisch machte das Atmen unmöglich. Wir hörten das Surren der Ventilatoren aus den Krematorien. Sonst Stille. Dann hörten wir Kindergejammer. Zwei kleine Kinder hatten sich unter alten Matratzen versteckt und waren der suchenden SS entgangen. Bald erschien ein Militärauto, ein SS-Sanitäter holte die Kinder ab und fuhr sie zum Krematorium (...)*

Irgendwann traf in Auschwitz auch ein Transport mit 40 Kindern ein, die im katholischen Kinderheim St. Joseph in Mulfingen/Württemberg untergebracht gewesen waren. Anfang 1943 hatte man sie noch von der Deportation zurückgestellt, damit eine freundliche blonde Dame für ihre Doktorarbeit »rassebiologische Untersuchungen« an ihnen vornehmen konnte. Nach Abschluss der Arbeiten wurden alle Kinder nach Auschwitz deportiert. Nur vier von ihnen überlebten. Die Dame hieß Eva Justin.

Frau Justins Chef, Robert Ritter, fand nach dem Krieg beim Magistrat der Stadt Frankfurt am Main eine neue Stellung als Leiter der »Städtischen Fürsorgestelle für Nerven- und Gemütskranke«. Es gelang ihm, auch seiner ehemaligen Assistentin zu einer Anstellung bei der Stadt Frankfurt zu verhelfen. Am 1. März 1948 trat Frau Dr. Justin dort das Amt einer »Kriminalpsychologin« an. Im Rahmen dieser Tätigkeit fungierte sie wiederholt als Gutachterin bei Strafprozessen. 1960 wurde sie angezeigt. Ein Ermittlungsverfahren der Frankfurter Staatsanwaltschaft gegen sie wurde eingestellt.

Man geht davon aus, dass etwa 500 000 Sinti und Roma von den Nationalsozialisten ermordet wurden. Die genauen Zahlen der Opfer lassen sich nicht mehr ermitteln.

Im Leben besaßen sie kein Haus und im Tod kein Grab. Und auch in der Gedenkkultur der Bundesrepublik kamen Sinti und Roma lange Zeit nicht vor. Sie waren verschwunden – und niemand fragte nach ihnen.

# Schnauze, Herz und blanke Steine

## Der Künstler Gunter Demnig
## und seine Erinnerungsmale

Seine Markenzeichen sind der unvermeidliche Schlapphut, die unüberhörbare Berliner Schnauze, die konsequente Weigerung, auch bei klirrender Kälte einen Mantel anzuziehen, und die Tatsache, dass er nie zu Hause ist, wenn man ihn anruft.

Kein Wunder, ist Gunter Demnig doch gerade mal wieder mit seinem kleinen Lieferwagen, dem Elektrobohrer, dicken Handschuhen und schwarzem Plastikeimer unterwegs, um vor irgendeinem Haus ein Stück Straßenpflaster aufzureißen und dort Betonwürfel mit blinkenden Messingplatten einzulassen. In die Deckenbleche dieser Platten hat er zuvor an der Werkbank seines Kölner Hinterhof-Ateliers Schlagbuchstaben aus Stahl getrieben.

Wer weiß dort heute noch, dass aus diesen Häusern Menschen herausgetrieben, »abgeholt«, in Viehwaggons gepfercht, quer durch halb Europa transportiert und dann vergast wurden? Mit seinen Stolpersteinen erinnert Gunter Demnig daran: ausdauernd, unbeirrt, beharrlich. Manchmal kommt es zu Diskussionen mit Nachbarn, Passanten, Hauseigentümern. Dabei erlebt er ganz unterschiedliche Reaktionen – etwa die der Frau, die sagt: »Wir haben es mit eigenen Augen gesehen. Wir

Gunter Demnig beim Verlegen eines »Stolpersteins«

haben im Fenster gelegen und zugeschaut, wie unsere Nachbarn abgeholt wurden.« Und die des alten Herrn, der sagt: »Wir wussten nichts. Gar nichts!« Bei solchen Enthüllungen hört Demnig schweigend zu, denkt sich seinen Teil und klopft mit stoischer Ruhe seine Steine ins Pflaster. Das Schicksal derer, für die er die Steine setzt, will er nicht so genau wissen. »Det würd ick nich aushalten«, sagt er. In sein Innerstes lässt er niemanden blicken. Das hätte gerade noch gefehlt.

Demnig, der mit seinen Arbeiten immer wieder versucht, die Öffentlichkeit direkt anzusprechen, zu bewegen und auch zu provozieren, betrachtet seine Stolpersteine als »dezentrales Monument«. Sie liegen genau dort, wo alles begann, wo das Grauen über die Menschen hereinbrach: vor den Haustüren, an welche die Fäuste der Gestapo donnerten, auf dem Pflaster, über das die Stiefel der SA dröhnten. So ziehen sich die Zeichen der Erinnerung – an Juden, an Sinti und Roma, an Homosexuelle, an Kommunisten – inzwischen quer durch Köln. 1100 Steine an rund 250 Adressen hat er seit 1997 verlegt; den allerersten ließ er in der Thieboldsgasse 88 ein, vor einem

Haus, aus dem neun Kölner herausgezerrt und ins KZ verschleppt worden waren.

Paten der »Stolpersteine« waren anfangs überwiegend die Angehörigen der Opfer. Inzwischen spenden aber auch mehr und mehr interessierte Bürger die 75 Euro teuren Erinnerungsmale. Von den vielen, die er selbst finanziert hat, spricht Demnig nicht.

Gunter Demnig wurde 1947 in Berlin geboren. Er studierte Kunstpädagogik in Berlin und Kassel und machte das erste Staatsexamen für das Lehramt am Gymnasium, um kurz darauf zu beschließen, dass der Lehrerberuf für ihn nichts sei. Er arbeitete in der Denkmalssanierung und war eine Zeit lang künstlerisch-wissenschaftlicher Mitarbeiter der Universität Kassel. 1985 kam er nach Köln und eröffnete dort ein Atelier. Seitdem lebt und arbeitet er am Rhein, auch wenn er die Spree nie verleugnet, nicht verleugnen kann.

Immer wieder machte er durch eigenwillige künstlerische Aktionen auf sich aufmerksam. Als er 1990 in Köln mit einer Farbdruckmaschine den Weg der Sinti und Roma vom Sammelplatz bis zur Verladerampe nachzeichnete und mit der Inschrift »Mai 1940 – 1000 Roma und Sinti« versah, war das die Geburtsstunde der Stolpersteine.

Im Grunde seines Herzens ist Demnig auch heute noch ein trotzig-überzeugter Alt-Achtundsechziger. Das hält ihn vielleicht davon ab, mit anderen Bildhauern und Aktionskünstlern in kleinen, feinen Galerien bei Sekt und Häppchen herumzustehen. Statt dessen bevorzugt er Kölsch und Mettbrötchen in den Innenstadt-Kneipen – ohne Mantel, aber mit Schlapphut!

Was treibt ihn, die Stolpersteine zu setzen? Was bewegt ihn, auf diese ganz persönliche Art an Menschen zu erinnern, die starben, lange bevor er geboren wurde? Warum hat er sich in den Kopf gesetzt, Erinnerungen blank zu polieren? »Ick weeß et nich«, sagt er zunächst abwehrend. Um dann nachdenklich hinzuzufügen: »Ich spüre den Dingen nach, möchte Spuren sichtbar machen, er-

Gunter Demnig mit einem seiner Steine

halten und damit an Menschen oder Ereignisse erinnern, die in Vergessenheit geraten sind.« Er will, dass die Steine den Ermordeten wenigstens ihre Namen wiedergeben.

Ob seine Aktionen immer die Erlaubnis der städtischen Behörden und anderer Autoritäten haben, kümmert Demnig wenig. Er lässt es – noch ein Erbteil der 68er-Generation – gelassen auf Konfrontation ankommen. Auch wenn er bei diesen Konfrontationen mit der Obrigkeit heute nicht mehr, wie damals, mit einem Verteidiger aufwarten kann, der Otto Schily heißt.

Die Adressen für seine Stolpersteine werden ihm nicht ausgehen. Schwierig ist es manchmal, trotz tatkräftiger Hilfe der Kölner Archive, den Lebensdaten der Deportierten nachzuspüren, weil alle Spuren verwischt, verweht sind. Dann schlägt Gunter Demnig unter den Namen einfach nur ein Fragezeichen in den Stein.

Wer einen Stolperstein spenden möchte, wende sich
unter der Rufnummer 02 21/25 14 89
oder unter der E-Mail-Adresse demnigkoeln@aol.com
an Gunter Demnig.
Ein Stolperstein kostet 75 €.

# Gedenken müssen? Vergessen wollen?

## Vom öffentlichen Reden und privaten Schweigen

Der ethische Imperativ »Sachor!« – hebräisch »Erinnere dich!« – gilt als eine der Regeln jüdischer Existenz und als eine Erklärung für das Überleben des jüdischen Volkes. In der Torah wird das Erinnern als wichtiges Lebenselement hervorgehoben. Dem Volk Israel wird eingeschärft, nicht zu vergessen; gleichzeitig wird es ermahnt, zu gedenken. Erinnerung ist deshalb ein Lebensnerv des jüdischen Volkes und Leitfaden jüdischer Geschichtsschreibung. Erinnerung an Heil und Unheil, Exil und Erlösung, Befreiung und Unterdrückung prägt jüdisches Bewusstsein in Geschichte und Gegenwart. Anders als in der christlichen Gedächtniskultur, die auf das eigene, individuelle Gewissen bezogen ist, basiert Erinnerung im Judentum auf der kollektiven Erfahrung und ist deshalb auch identitätsstiftend.

Es gibt Völker, die Gedenktage brauchen, um sich zu erinnern, und es gibt Völker, die Gedenktage haben, weil sie sich erinnern.

Das Wissen um die Vergangenheit und darum, wie sich die Mehrheit der Deutschen den Verfolgten gegenüber verhalten hat, prägt die Erinnerung auf beiden Seiten, bestimmt das Denken und das Gedenken. Darum wird auch heute noch – über ein halbes Jahrhundert später – in deutschen Familien zumeist geschwiegen, wenn es um Verfolgung und Mord im Dritten Reich geht. Wenn Kinder und Enkel nach der Vergangenheit fragen, bekommen sie fast immer Antworten zum Thema Krieg, Bombennächte, Flucht, Vertreibung, Not. Sie erfahren etwas über das Leid der Deutschen – nicht über das der anderen. Dieselben Kinder und Enkel werden aber in der Schule und in den Medien mit öffentlichem Erinnern konfrontiert. Und so tut sich eine Kluft zwischen öffentlichem Reden und privatem Schweigen auf.

Erinnerung kann Aneignung oder Entfremdung bedeuten. Vieles im öffentlichen Erinnern in Deutschland führt eher zur Entfremdung. Es gibt hierzulande eine offizielle Gedenkkultur, eine organisierte »Trauerarbeit«, die einerseits »entlastet« und andererseits echte Erinnerung nachhaltig verhindert. So verschwinden Menschen hinter Analysen, Theorien, Statistiken, erscheinen nur noch als anonyme Objekte der Verfolgung, als passive Opfer. Weitere Tücken dieses offiziellen Erinnerns sind die starre Ritualisierung, und die seltsamen Blüten, die diese Gedenkfeiern manchmal treiben: etwa die pädagogischen Torheiten, die alljährlich vielerorts zum Auschwitz-Gedenktag am 27. Januar veranstaltet werden und deren vordringlichste Aufgabe darin zu bestehen scheint, das Schicksal der Ermordeten zum didaktischen Lernziel zu machen. Gedenken wird zur Farce, wenn denen, die gedenken, die innere Beziehung zu denen, derer sie gedenken, fehlt.

Die Geschichten, die ich erzählt bekam und die in diesem Buch nachzulesen sind, geschahen mitten in Köln und sind doch längst an den Rand der Erinnerung gedrängt worden. Erinnerungen spielen in ihnen eine zentrale Rolle. Es sind Erinnerungen an Verantwortung und Verantwortungslosigkeit, an Widerstand und Anpassung, an Treue und Verrat, an Zögern und Handeln, an Mut und Angst, an Macht, Gier, Recht, Gewissen und immer wieder an Versagen und Wegschauen. »Das Problem«, so hat Hannah Arendt einmal geschrieben,

»waren nicht unsere Feinde; das Problem waren unsere Freunde.« Dennoch geht es hier nicht in erster Linie um Schuldzuweisungen, sondern darum, die eigenen Verfehlungen einsehen zu müssen. Wichtig war natürlich, was in diesen Geschichten preisgegeben wurde; noch wichtiger war vielleicht, was unbewusst nicht preisgegeben werden konnte. Und so basiert jede persönlich erzählte Geschichte auf ganz individuellen Wahrnehmungen. Die Vorbehalte gegen diese Zeitzeugenaussagen sind bekannt: Es gibt das Problem der Zuverlässigkeit und Genauigkeit nach so langer Zeit, das der Überlagerung durch später gewonnene Kenntnisse und das der Verzerrungen durch persönliche Einstellungen.

Dennoch stellen diese Berichte einen wichtigen Beitrag zur Rekonstruktion der Vergangenheit dar. Sie mögen nur Splitter, winzige Facetten im großen historischen Geschehen sein, doch sie erhellen ein Ereignis, lassen die Beteiligten an Orten des Lebens und Sterbens schlaglichtartig hervortreten.

Die Menschen, von denen hier erzählt wird, sollen nicht vergessen werden. Ihre Mörder auch nicht.

Köln, im März 2003

*Kirsten Serup-Bilfeldt*

## Quellenhinweise

*Engelbert Brinker:* Stadt Köln, Historisches Archiv:»Widerstand und Verfolgung in Köln 1933–1945«, 1981.

*Drott, Achim:* »Das Nationalkomitee Freies Deutschland in Köln – Ziele und Aktivitäten« Schriftliche Hausarbeit, vorgelegt im Rahmen der Ersten Staatsprüfung (ohne Datum).

*Dr. Isidor Caro:* Die Zitate stammen aus Briefen, die Clara Caro nach dem Krieg an die Kölner Synagogengemeinde und ihren Rabbiner Zvi Asaria schrieb. Später verfasste sie ihre Erinnerungen unter dem Titel »Stärker als das Schwert«. Das Manuskript wird in Yad Vashem aufbewahrt.

*Nikolaus Groß:* Groß, Alexander:»Gehorsame Kirche – ungehorsame Christen im Nationalsozialismus«, Matthias-Grünewald-Verlag Mainz 2000. Bücker, Vera; Nadorf, Bernhard; Potthoff, Markus:»Nikolaus Groß – Arbeiterführer, Widerstandskämpfer, Glaubenszeuge«, LIT-Verlag Münster 2001.

*Albert Kaufmann:* Die Zitate stammen aus Briefen, die Albert Kaufmann an seine Tochter Renate schrieb.

*Josef Johann Mumbour:* Arbeitskreis Schwule Geschichte Köln (Hg.):»Dornröschen« – Das Leben der »Verzauberten« im Köln der 20er Jahre", Köln 1987.

*Professor Benedikt Schmittmann:* Lenz-Médoc, Paulus in:»Kölnische Rundschau« v. 17. 9. 1949. Strickmann, Martin:»Benedikt Schmittmann (1872–1939) als rheinischer Föderalist zwischen antihegemonialen Reichsneugliederungsinitiativen und sozialethischen Demokratie-Idealen«, in der Fachzeitschrift »Geschichte im Westen« 2/2002. Schmittmann, Benedikt:»Föderalismus und Weltanschauung« in:»Heimat und Volk« Nr. 17, 1929.

*Dr. Max und Erna Schönenberg:* Alle Zitate entstammen Briefen und Tagebuchaufzeichnungen der Familie Schönenberg und werden im NS-Dokumentationszentrum Köln aufbewahrt.

*Dr. Louise Straus-Ernst:* Ernst, Jimmy:»Nicht gerade ein Stilleben – Erinnerungen an meinen Vater Max Ernst«, Verlag Kiepenheuer & Witsch, Köln 1984.

*Sinti und Roma:* Fings, Karola; Sparing Frank:»Nur wenige kamen zurück. Sinti und Roma im Nationalsozialismus«, Ausstellungskatalog, Köln 1990.


### Bildnachweis

*S. 84, 85* mit freundlicher Genehmigung von Jochen Bilstein, Remscheid; *S. 145* Bundesarchiv Berlin R 165/244/72; *S. 154, 156* Gesche-M. Cordes; *S. 25* H.-J. Maschek-Schneider, Köln; *S. 116, 119, 121, 128, 148, 151* NS-Dokumentationszentrum Köln; *S. 135* Die Photographische Sammlung/ SK Stiftung Kultur – August Sander Archiv, Köln; VG Bild-Kunst, Bonn, 2003; *S. 15, 16, 26, 29, 43, 46, 48, 55, 58, 64, 68, 71, 75, 80* Privatbesitz; *S. 104, 107, 111* Schmittmann-Archiv; *S. 35* Synagogengemeinde Köln.


Hinweis: Trotz größter Sorgfalt konnten nicht in allen Fällen die Urheber der Bildrechte ermittelt werden. Es wird gegebenenfalls um Mitteilung an den Verlag gebeten.